ジェーン・バーキンと娘たち

村上香住子
Murakami Kasumiko

白水社

ジェーン・バーキンと娘たち

Jane Birkin et ses trois filles

ファッション・フォトグラファーとして名高いジャンルー・シーフが一九九八年に撮影した、
ジェーン・バーキンと三人の娘たち――母の右足を抱きかかえるケイト・バリー、
左足で膝枕するシャルロット・ゲンズブール、肩に抱きついているルー・ドワイヨン。
微かな風にも揺れ、黄金の光に満ちながらも、愛を与え続けて、一本の巨きな樹のように
娘たちを支えてきたジェーン・バーキンの家族の肖像。
彼女たちと四〇年近く交流してきた私の、記憶の手帖《カルネ》です。

ケイト・バリーに捧げます

〔目次〕

〔凡例〕

《　　》はレコードアルバム名を表わす。

〈　　〉は楽曲名を表わす。

QRコードは音声や動画などが視聴できるURLを示す。

ジェーン・バーキン

パパはね、世界中どこを探してもあんな素敵な父親はいない、とだれもが羨《うらや》ましがるようなひとだったし、とんでもなくロマネスクな性格だったの。独眼だったので、もう一方の眼には眼帯をしていたわ。若いころから何度も眼の手術をしていたのに完治できず、ものが二重にみえていたのよ。

第二次大戦中、父は王立海軍にいて、フランス側のボナパルト海岸でレジスタンスの人たちを船で英国側に逃したり、船が岩礁にぶつからないように、と監視していたの。

それに（病気がちな）パパはよく喀血《かっけつ》していたので、わたしはいつもハンカチを持ち歩いていて、喀血のときにパパにさっと差し出したし、それはとっておきのわたしの自慢の役割だった。

パパは入院ばかりしていたので、わたしも病院についてのことなら、柱のある建物の裏口のことまで何から何まで知っていたわ。

兄は六歳から寄宿舎に入っていたので、父に会うのは大抵病院で、あまりいい思い出ではなかったみたい。集団生活が大嫌いだった兄は、自分に子供たちが生まれると、自宅で勉強をさせていたの。わたしにとって病院はパパに会える唯一の場所だった。少しでも快方に向かっていたら、両腕を広げてわたしを抱きしめてくれるかもしれない。そう思いながら、こころを躍らせて病院に通ったものよ。

父はわたしをとことん甘やかしていた。パパの部屋の壁という壁、どこもかしこもわたしの写真があちこちに貼ってあったの。自分の娘なのに、セクシーだよ、と言っていた。母は太陽とあなたの間に私が入ると影になるので、ふたりの間に入りたくない、と言っていたわ。


ジェーン・バーキンは自分を溺愛していた父親について、フランスのカルチャー・ラジオ局として知られるフランス・キュルチュールの『生の声《ア・ヴォア・ニュ》』という番組で、こう語っている。そのときのインタヴュアーは、フランスの女性ジャーナリストのなかでも、華やかだが、それでいて切れ者と言われる第一線の実力者ロール・アドレールなので、ジェーンも父への思いの丈を存分に語っているようだ。この番組は、二〇〇七年六月四日から八日まで五回に分けて放送され、当時彼女は前年の十二月に六十歳になったところだった。還暦を迎えた女性が、「父」と言わずに「パパ」と言うところが、いかにもジェーンらしい。

二〇〇七年はジェーンが脚本を書き、監督をした長編映画『ボクシーズ』(Les Boites ; Boxes)が完成した年で、その封切りに際して、ジェーン・バーキン・ウィークとして、ラジオ番組で特集されることになり、現在もネットアーカイヴで聴くことができるインタヴューだ。

Jane Birkin, portrait intime
À Voix Nue
FRANCE CULTURE

『ボクシーズ』は、ジェーンの実体験と言えるものを土台にしたシナリオで、英国人のファミリーが、ブルターニュ地方の海辺でヴァカンスを過ごす日々が描かれている。父親役は名優ミシェル・ピコリが演じ、娘のルー・ドワイヨンも出演していた。残念ながらこの映画は、いまだ日本では未公開のままだ。

そのラジオ番組のインタヴューでは、「あなたがすでに息絶えた父の心臓に耳を当てて、「ありえない、ありえない」と呟く場面があったわね」とアドレールは彼女に映画の話をするように促す。監督としてだけでなく、キャストとしてイギリス人女性も演じているジェーンが、父の死の場面を語る部分があるが、彼女の死体に対するあまりにもマニアックな執着心がみえてきて、凄みさえ感じられる。タイトルの『ボクシーズ』とは、箱、段ボールの意味だが、棺にもとれる。

シナリオには書かなかったけど、現実のわたしは（亡くなった）父の足にキスをしたの。ピエタのように。綺麗な足だった。素晴らしく綺麗。それから鼻を撫ぜて、そして鼻と唇の間にある溝の部分に、指を入れたの。時は停滞していた。そのままだった。肉体はそこにあるから、匂いが漂ってくる。それが甘酸っぱくなり、その後、酷い臭気を放ってきたら、そのときになってはじめて棺に入れたらいいと思う。穴に埋めるにしても、その前に鼻の下の溝をなぞって、そこに指を入れること。これはね、疎かにはできないわよ。親しい人との別れというのは、世界のすべての人が体験している普遍的なことだと思うし、甘酸っぱい匂い、わたしはあれをずっと嗅いでいたかった。香りが少しずつ変化していくのよ。映画では、嗅覚を表現できなかったことが、何よりも残念だったわ。

番組のなかでアドレールは、ジェーンとフランスとの関係にも触れている。「どうしてあなたはそんなにフランス人に熱狂的に受け入れられたのかしら、そのことを考えてみたいのよ」とアドレールは言う。「もちろんあなたが美人だったからもあるだろうし、英国人のアクセントがチャーミングと言う人もいるけど、本当に最初からすぐに気に入られたのかな。文句なしに抜群の美人だったし、人気も断然一位だったわね。一時的な流行りのひとっていう感じはしたけど」。

フランスに来たら、みんなはこころからわたしを歓迎して、迎え入れてくれた。わたしが出会った人、あらゆる人たちがよくしてくれたのよ。セルジュも思いやりのある優しい人だった。わたしの喋り方がイギリス風なので、アクセントがかわいい、と言われた。これがアフリカから来たセネガル人だったら、また違っていたかもしれないわね。確かにフランス人はわたしにこころを開いてくれて、よくしてくれたわ。四十年間フランスに暮らして、嫌な思いをしたのはほんの二回くらいよ。一回目はシャルロットを妊娠していたときに、メドゥサン通りを歩いていたら、若い男の子たちが数人寄ってきて、「ユダヤ人の子を産むのかよ」と言って、わたしのお腹を殴ったの。

「それはあなたのパートナーのセルジュ・ゲンズブールがユダヤ人だから?」とアドレールは訊く。「だからあなたがユダヤ人の子を産むのが許せない、ということなのね」とリスナーにわかりやすく説明したが、ジェーンの返事はなかった。黙って頷いただけだったのかもしれない。

二回目は、老人が少し離れたところで私に何か叫んでいたから、わたしのサインが欲しいのかと思って、荷物を置いて近づいていったら、「この街に、何か文句があるのなら、とっとと自分の国に帰るがいい」と言われた。そのころはジャック・ドワイヨンと暮らしていた時期だったので、あのときは泣きじゃくって帰ったのを覚えている。四〇年間でその二回くらいだったと思うから、いじめられたとは言えないわね。

「あなたの社会参加への意志はどこからきたの」とアドレールはジェーンの活動家の一面にも触れている。

子供のころから、パパは死刑反対のデモにわたしを連れていってていたの。国際人権団体のアムネスティ・インターナショナルにも入っていた。わたしがサラエボに行ったと知ったら、父は喜んだと思う。

ジェーンは一九九五年、旧ユーゴスラビア紛争のなかで、セルビア人に包囲されて孤立したボスニアの首府サラエボに、フランスにおける影響力をもった文化人として訪れていた。日増しに悪化していく状況をマスコミを通して世界に伝えてほしい、というパリ＝サラエボ協会の代表フランシス・ビュエブが企画したもので、国連平和維持軍のエスコートにより一行はサラエボ入りをしている。そのとき前線の装甲車のなかで、同じようにパリから来ていた作家のオリヴィエ・ロランと知り合い、恋に落ちたのだ。

ロンドンの家が爆破されたとき、母に何を持って逃げたの、と聞いたことがあった。母は香水を持って逃げたと言うの。何をおいてもまず香水よ、と言うのよ。それでわたしはサラエボに、口紅や肌着を、絹のパンティーやブラジャー、ゲランの香水を慰安に持っていくことにしたの。わたしが政治に目覚めたのは、そうね、ヴェトナム戦争からだと思う。一九四六年十二月に生まれてるから、戦争を知るのはヴェトナムからだわ。パリで死刑反対のデモに参加するわたしをみたセルジュは、「きみは外国人のくせに、なんでフランスのデモに参加するのだ、どうかしてる」って言っていた。

父の影響で社会参加に関心を持ち、芸術至上主義の兄には空想の世界に導かれ、世間知らずのナイーヴな少女だったジェーンは、当時世界の若者カルチャーの発信地だったロンドンの流行りの界隈にある高級住宅地チェルシーに住んでいたのに、同世代の娘たちのようにはモッズにもヒッピーにもまるで興味がなく、ただ漠然と最初のロマンスの相手と結婚しよう、と心に決めていた。

「父はマーロン・ブランド似で、母はジャッキー・ケネディーみたいだった」とジェーンは語っているが、たしかに写真をみても、王立海軍のヒーローだったデヴィッド・バーキン（一九四三―九一）と、当時人気の舞台女優で、戯曲家ノエル・カワードのミューズと言われていたジュディ・キャンベル（一九一六―二〇〇四）とのカップルは、頗《すこぶ》るつきの美男美女だったようだ。

バーキンという家系

ヨーロッパでは、貴族の血筋ということを「青い血」のひと、と言っているが、バーキン家の家系は、父方の祖母のほうを辿っていくと、十七世紀半ばにイングランドとスコットランドに君臨したチャールズ二世王まで辿ることになるという。

父方の祖父のほうは、十九世紀に高祖父リチャード・バーキンがレース工場で財を成し、準男爵の位をもらっている。祖父の代になると財界人ではなく、軍人を選んでいる。

そうした上流階級の末裔のジェーンの父、デヴィッド・バーキンは、子供のころから父や祖父と同じように自分も軍人になることを夢見ていた。

ところが、ロンドンのノッティンガムの裕福な家庭に育った彼は、十六歳のときに眼の手術をした医師の不手際で、独眼になってしまう。

第二次大戦が勃発すると、王立空軍に志願したかったのだが、独眼なので不合格となり、そのころ王立海軍が、極秘裏に危険な使命を遂行するための軍人を募集しているのを知ると、早速応募して合格している。

フランスのアルモール海岸のプリューハでの作戦に参加することになり、そこでフランスのレジスタンスの活動家たちを、英国に逃すという任務が彼を待っていた。独軍の攻撃を恐れて、月の出ない闇夜に決行していたそうだが、そのなかには、若き日のフランスのレジスタンスの闘士、未来のフランソワ・ミッテラン仏大統領もいたという。

十八歳からロンドンの舞台に立っていた母親ジュディ・キャンベルは、両親が俳優で劇場主という家庭で育ち、戦時中舞台で歌った曲がヒットして、一躍有名になっていた。

ロンドンでは親しい新人女優たちと三人で共同生活をしていて、そのうちのひとりは英国の元首相ウィンストン・チャーチルの娘サラ・チャーチルで、もうひとりのペンピは、デヴィッド・バーキンのいとこだった。

あるとき教会で親戚の洗礼式があったので、ペンピは親友のジュディ・キャンベルを連れていき、デヴィッドに紹介した。ふたりはだいぶ前からペンピを通じてお互いの噂を聞いていたので、初対面のような気がせず、会った途端に意気投合したそうだ。

そんなふたりが結婚すると言い出すと、周囲の友人たちは、女優と軍人の気まぐれなカップルがうまくいくわけがない、すぐに別れるのは目に見えている、と言ってなんとか止めようとしたそうだが、ふたりは聞く耳を持たず、結婚に漕ぎつけた。

まさかそれから五〇年後もふたりが仲睦まじく暮らしていようとは、当時はだれひとり想像できなかったのだ。

ジェーンの誕生

こうして一緒になったふたりの家庭に、一九四六年十二月十四日午前十一時、王立海軍のヒーローとロンドンの有名舞台女優の間に、ジェーン・マロリー・バーキン（Jane Mallory Birkin）が、七か月半という月足らずで産声を上げる。ちょうどベビーブームの真っ只中で、その前年には少女時代のジェーンに大きな影響を与える年子の兄アンドリューが生まれていた。

早産だったせいか、赤ん坊はあまりにも未熟児で、最初はゆりかごではなく、おくるみにくるまれて、靴箱のなかに寝かされ、ラジエーターの上に置かれていた。

Enfants d'hiver
ENFANTS D'HIVER

その靴箱のぬくもりを、胎内のように感じていたの。そのころわたしが全然眠らずに、泣いてばかりいたので、父は仕方なく、哺乳瓶のなかに睡眠薬を入れたそうよ。

乳飲子に睡眠薬とは、いささか乱暴な気もするが、後年ジェーンは他人事のようにそう語っていた。

洗礼式の代母は、第二次大戦の立役者で名宰相ウィンストン・チャーチルの娘サラ・チャーチルだったというから、生まれたときから、ジェーンはすでに一流のセレブに囲まれていたようだ。

母親は舞台稽古などで留守がちだったせいか、子供のころは兄のアンドリューや妹のリンダ(Linda Mary Deborah Birkin)、子供たちだけで遊ぶことが多く、とりわけ大好きな兄につきまとっていたジェーンは、自分も兄と同じ男の子のような格好をして、兄の海水パンツをはいていたというから、ジェンダーレスな少女だったのだろう。

二〇〇八年に出したジェーンのアルバム《冬の子供たち》のカバーには、その当時の写真が使われていて、たしかに男の子のような格好をしている。

ジェーンの兄アンドリュー・ティモシー・バーキン(Andrew Timothy Birkin)は、後年、名匠キューブリックやデヴィッド・リンチ監督のアシスタントをつとめ、『薔薇の名前』や『パフューム　ある人殺しの物語』といった相当マニアックな脚本を書き、その世界では一目置かれる存在になっている。おそらく子供のころからすでにエキセントリックな天才少年だったに違いない。ワイト島の別荘で休暇を過ごしていたころは、彼がシナリオを書き、妹のジェーンやリンダにそれを演じさせて両親に披露していたという。

Jane Birkin
ENFANTS D'HIVER
ALBUM JACKET

ジェーンの少女時代

十一歳のころから日記を書いていたジェーンは、二〇一八年に『マンキー・ダイアリーズ　一九五七―一九八二』を出版している。それは彼女が十一歳のときから三十六歳までの日記だった。翌年には『ポストスクリプト　一九八二―二〇一三』を追いかけるように出版する。それは三十六歳から六十七歳までのものだ。

どうして六十七歳で途切れているかというと、最愛の娘である長女のケイト・バリーが、二〇一三年十二月十一日パリの自宅のバルコニーから投身、自死を遂げ、その悲しみの衝撃以来、日記を一行も書けなくなったからだった。とはいえ、波乱に富んだ人生を送ったジェーンが半世紀以上も日記を書き続けたというだけでも驚異的な記録と言える（ジェーンの日記はファイヤール社から刊行されたが、二冊とも現在はリーブル・ド・ポッシュでも読める）。

最初の日記は、子供のころジェーンのこの世でたったひとりの友だちだったお猿のぬいぐるみ「マンキーちゃん」に語りかける形式で書かれている。内容はその日の出来事を書き綴ったものだが、随所に家族への愛の言葉にあふれている。

十三歳のころの日記を読むと、どこへ行くにも兄についてまわり、自由奔放に育った多感な少女時代がいきなり急展開して、制服を着せられ、窮屈な校則に縛られて女子寮に入れられた日々が綴られている。級友たちとはどうしても馴染めず、みんなに変わり者扱いされ、いじめにも遭っていたようだ。当時の日記にはこう記されている。

Jane Birkin
MUNKEY DIARIES: JOURNAL, 1957-1982
Le Livre de Poche

一九五九年〈十三歳〉

十二月

大好きなマンキーちゃん
もう学校なんか、わたし大きらい。自分が袋になったみたい、死んでしまってる。自分でもわかっているのよ。わたしが誰かの神経に触ったり、わたしの悪口を聞いたり、なにかうまくいかなかったりすると、大声でさわぎたてるって。家に帰りたい。だけどもうあと何日かで帰れる。早く父や母に会いたくてたまらないわ。みんな優しい子ばかりなのに、わたしときたらまるでおできみたい。こんな自分でいるのが辛くて、昨日も礼拝堂に行って泣いてしまった。だって何をしてもわたしはドジばかりだし、なにを聞いても悪いほうに取ってしまうの。もうこんなのうんざりよ。
ここで止めるわね。感じていることを洗いざらいに言って、あなたにいやな思いをさせてしまったとしたら、ごめんなさい。わたしが自分の気持ちをありのままに書けるのは、この日記だけなの。
ラヴ。

お猿のぬいぐるみにまで、ごめんなさいと謝るような心根の優しい少女は、自分をいじめる相手が悪いというより自分が不器用だからいけなかったのだ、といった自己反省ばかりしていたようだし、本来内向的で感受性が強いだけに、ますますこころを閉ざしていったのだろう。

一九六〇年〈十四歳〉

日曜日

また落ち込んでる。今度もC＋を取っちゃいそう。ロッカールームに行こうとしたら、女の子たちがロッカーを乗り越えようとしてた。わたしはそんなのまるで無関心。だけどわたしも乗り越えようとしたの。するとそのうちのひとりの女生徒がわたしの前に立ちはだかり、「あんたなんかと私たちは遊んであげないよ！」と言われた。

リンダ〈妹〉は秘密の庭園をみたと言う。素晴らしかったと言ってたけど、わたしにはそれが許可されなかった。わたしが静かに泣ける場所はトイレだけだから、そこで泣いていたの。いい成績が取れなかったら、わたしは……

日記に書かれているのは、いじめに耐え切れず、何度も転校したり、クラスで除け者にされたりしていた暗い少女時代だが、ところがいったん社会に出るようになると、次々に途方もない有名人たちと遭遇し、やがて持ち前の才能も開花して、フランスの国民的スターになっていくという波乱の人生が記録されている。一巻目の日記は三二〇ページに及ぶものだが、出版するにあたって、当時の日記にジェーンがその後加筆した部分があって、それによると十七歳のころに出会った最初の恋人で、世界的な映画音楽作曲家ジョン・バリーについては、日記にこう追記している。

一九六五年〈十八歳〉

ロンドンでとてもお洒落で流行りのアドリブ・クラブというところがあって、わたしはロマン・ポランスキーとプロデューサーのジーン・グトウスキーにそこで出会い、そのとき近いうちに『パッション・フラワー・ホテル』というミュージカル・コメディーのためのオーディションをするので、来てみないかと言われたのです。音楽はジョン・バリーだと聞かされた。わたしはその役をもらい、わたしのために〈アイ・マスト・マスト・アンクレーズ・マイ・ビュスト〉というコミカルな曲も作ってもらいました。当時のわたしはまだ十七歳、ジョン・バリーは三十歳でした。彼はすでにザ・ジョン・バリー・セヴンという話題のバンドを編成していたし、ジェームズ・ボンド・シリーズの『ドクター・ノオ』や『ロシアより愛をこめて』や『ゴールドフィンガー』のテーマ曲も作曲していました。その時代を代表する最高峰の映画音楽作曲家だったし、それだけでなく彼はとびきりに魅力的な男性だったのです。

彼に出会うと、たちまちプロポーズをされました。父はわたしがまだ未成年なので、法に裁いてもらうと言ったけど、それはわたしに結婚を諦めさせるためだったのです。何度もチェルシーの実家の庭先で、両親との話し合いを重ねて、それをアンドリューが撮影をしていたので、みてみると父が何とかして式の日取りを延期しようとしているのがわかるし、ジョン・バリーは勝ち誇ったようにしていて、アンドリューは苦虫をつぶしたような顔をして、わたしときたら、家のなかでジョンについてまわり、籐の籠《パニエ》をもって、彼のジャガーのEタイプに乗り込んでいました。三か月後にはわたしも晴れて十八歳になり、婚姻届を出すことができるようになったのです。

実際に入籍したのは一九六五年十月十六日で、二か月後には、十九歳になる寸前だった。

ケイトの誕生

こうしてジョン・バリーとの新婚生活が始まったが、実際に暮らし始めると、売れっ子のジョンは仕事で渡米することが多く、なかなかロンドンの自宅には戻ってこなかった。

それでも二年後の一九六七年四月八日には、ジェーンはロンドンの産院で三・二キログラムの元気な女児を出産する。ブルーアイズに濃い髪の色、名前はケイトと名づけられた。

新生児はよく笑い、愛らしい子だった。そのときのことを、追記にこう書いている。

一九六七年〔二十歳〕

土曜日に、または日曜日だったかもしれません。ケイトを抱いてわたしは退院したのです。あの子は外気に触れると「おおおおっ」と言っていました。わたしはすごく誇らしい気分でした。世界中に「わたしに赤ん坊ができたのよ！　かわいい女の子なの！」と大声で叫びたいくらいに。

だがその喜びもつかの間、彼女は不在の夫の浮気を疑いはじめ、一日中あることないことを妄想するようになり、日々耐えられない孤独のなかで、絶望的な日々を送っていた。

五月二日

ジョンは今日はナンシー・シナトラと録音をする日なので、わたしは彼からの電話を待っている。なんだか落ち着かない一日。ジョンとナンシーが出会うと考えただけで、胸騒ぎがするのは、彼女は男たちを虜にするし、ジョンもその対象だから、浮気に夢中になるに違いない、わかってるわ。彼は出かけるとき、ケイトのブーツの片方をお守りにするよ、と言って、持って出たけど、あの人は自分でも彼女のために曲を作るのを、不安に感じてるみたいだし、でも誓ってもいいわ、きっと文句なしの曲が完成して、あのふたりはとてもうまくいくと思うわ。

夫はロスからなかなか帰ってこないし、乳飲子を抱えたジェーンは家にいると、どうしても夫が美しい女性たちに囲まれて、浮気をしているに違いない、と思い始める。帰ってきても他に女性がいるのではないかと妻に疑われるので、ジョンも居た堪れなくなって、すぐまた外出していた。夫婦間の溝は日増しに深まっていった。

日記ではないが、当時のことを、後日彼女はこう語っている。

そうなの。あのころはバスルームで、泣いてばかりいたわ。夫を家庭に引き止められないのは、わたしが悪いと思い込んでいたし、きっと彼は外で綺麗な人に会っているに違いない。そんなことばかり考えていたの。

そのうちとうとう決裂の日がやってきた。いつものように長い間家を留守にしたことを非難されて、口喧嘩をしているうちに、ついにジョンは我慢の限界に達した――「どうやら僕らは別々の道を選ぶときが来たようだね」。彼は最後の決定的な言葉を、冷ややかに言い渡したという。

実のところジョンは、出会った当初は、美しいモデルとの一夜限りのアヴァンチュールだと考えていた。妻と別れたばかりだったし、しばらく独身でいたい、と思っていたのだ。ところが相手が良家の子女だとわかって困惑していた。それも彼女は結婚願望がめっぽう強く、相手が世界的な一流映画音楽家であろうとも一歩も怯《ひる》まず、何としても結婚を切望していた。会って間もないころから、わたしの父に会ってよ、と言ってきかないので、とうとう若い恋人に押し切られたかたちで、高級住宅地チェルシーに住む彼女の実家に行くことを約束させられた。

こうして十八歳の幼妻と、三十歳の世界的な一流映画音楽作曲家は、一九六五年十月に両親の承諾を得て、結婚生活をスタートさせた。

ジョン・バリーのキャリアをみても、それまで一九六二年に『007／ドクター・ノオ』、一九六三年に『007／ロシアより愛をこめて』と、世界的にヒットした映画音楽を手掛けていたし、一九六六年には名作『野性のエルザ』、そして一九六八年には『冬のライオン』の音楽でアカデミー賞を受賞し、米国では栄光の頂点にいた。作曲の依頼はひっきりなしで、ロンドンの自宅に帰る余裕など実際なかった。久しぶりに帰宅しても、新妻は夫の帰りをただひたすら泣きながら待っていて、留守中は孤独で辛い日々だったと訴えてくる。そんな若妻をどう扱ったらいいかわからず、ほとほと手を焼いていた。それが毎回のこととなるとうんざりしてくる。ジョン・バリーの父親は映画館や劇場を経営していた人で、母親はピアニストとして活躍していた。子供のころから両親が働く姿をみてきた彼には、一日中家にいて夫のことばかり考えて何もしない新妻のことが、どうしても理解できなかったのだ。

八月——ジョンとの別離

雨の降りしきるなか、二十歳のわたしは立ち止まったり体を揺すったりしながら、片手にスーツケースを下げてもう片方に赤子を抱いて、これまでこんなに孤独を感じたことはなかったくらいひとりぼっちで、体もすっかり冷え切っていた。以前のようにあたたかく、愛に満ちた家族のもとに帰れますように、と神様にお祈りをした。カドガン・スクエアは暗かった。キングスロードまで、歩いていったけど、ほら、みてごらん、まるで駅で売ってる安手の恋愛本のヒロインみたいに、わたしはすっかり焦燥感に蝕まれた姿をしている。通り過ぎたときにそこに駐車していた車のウィンドーに映った自分をみると、髪は振り乱していて、マスカラは溶けて頬を伝ってきていた。わたしに万一のことがあったら、彼をひどい目にあわせて苦しめてやりたいけど、わかってるのよ、あの人は今眠りこけているし、なんの悩みもなく、わたしたちの口喧嘩なんか、実に取るに足らないことだと思っているに違いないのよ。

ジョンと離別した後、「日付なし」というところに、こう記されている。最悪の状況で書き殴ったもののようだ。

日付なし

トゲの入った手紙をあなたに送ったら、開封するときに指をけがするでしょうね。

そうしたら一日中わたしのことを考えるわね。

これまでわたしは自分の時間をずいぶん費やしてきたから、今度はあなたの時間を奪ってやりたい。


「わたしね、家を出るときに、彼から何ももらわずに出てきてしまったの。今はちょっと後悔してる」と後日ジェーンはそう言っていたが、悲しみのどん底につき落とされたジェーンには、ケイトの養育費など考える余裕はなかったのだ。

自分の未熟さのせいで幸せな家庭を壊してしまったと思い込んだ彼女は、娘ケイトに対して、消すことのできない負い目を感じていた。三人娘のなかでも、とりわけケイト・バリーには、格別に気を遣っていた。

結婚が破綻して、赤ん坊を抱いて実家に戻ったころのジェーンは、これからの自分の将来はどうなるのだろうという不安に苛《さいな》まれていた。だが一方では、常に前向きなジェーンは、家でめそめそ泣くどころか、おしめをパニエに入れて、連日精力的にロンドンのオーディション会場を子連れで飛び回っていた。

Tout Le Monde En Parle avec Jane Birkin
INA Arditube

一九六六年にジェーンは、イタリアの巨匠ミケランジェロ・アントニオーニ監督の、六〇年代を象徴する傑作『欲望』に出演していたので、女優として自分に少し箔がついた、と思っていたが、それは思わぬところから誹謗の対象になってしまう。

オーディションのときに、オールヌードの場面があるけどいいのかね、と訊かれたジェーンは、当時はまだジョン・バリーと暮らしていたので、帰宅して彼に相談することにした。そんな役をきみにできるわけがない。裸になるとき、きみは家中の電気を消してしまうじゃないか。無理だよ、とからかわれた。負けん気のジェーンは俄然その役に挑戦してみたくなった。監督がどんな人なのか何も知らなかったが、夫から、アントニオーニは「偉大な監督だよ」と教えられる。

『欲望』は一九六七年にカンヌ映画祭でパルム・ドールを受けて脚光を浴びたが、モデル役で出演していたジェーンの場面でヘアがみえた、という人が出てきて、スキャンダルが勃発したのだ。

わたしはたった三日しか撮影してないのに、いきなりスキャンダル騒動に巻き込まれたのよ。映画のプレミアのときも、行くのが怖かったから、行きたくなかったの。だから母に行ってもらった。帰ってから、「どうだった?」って聞いたら、「大したことじゃないわ。ただふたりの娘がふざけてるだけの場面じゃない」って。四〇年後の今考えると、どうしてそんなに衝撃的だったのか理解できないけど、あのころはまだそうだったの。

彼女は二〇〇一年のテレビ番組『トゥー・ル・モンド・アン・パルル』でそう語っていた。話題作に出演したと自慢できるどころか、かえってキャリアの汚点になってしまったのだ。だが、そんなことでへこたれるジェーンではなかった。これまで以上にオーディションに熱中していく。

セルジュ・ゲンズブールとの出会い

「ピエール・グランブラ監督と会ってなかったら、わたしの人生はまったく違うものになっていたと思うわ。フランスにも来ていなかった」とジェーンは言っていた。

まさか絶望のどん底にいた自分が天才的な大物ミュージシャンと出会い、恋をして、パリに住み、恋人のセルジュ・ゲンズブールとふたりで、フランス中が注目するカップルになろうとは夢にも思っていなかったからだ。モード都市として知られるパリで、自分のスタイルを持った、最高にエレガントな英国人女性として、フランスの国民的アイドルとしてもてはやされるようになるとは、考えもしなかった。

ロンドンに来ていたフランスの映画監督ピエール・グランブラは、フランソワ・トリュフォー監督に勧められて、自分の実体験をシナリオにして『スローガン』という恋愛ものの映画の撮影準備に入っていて、準主役になる女優を探していた。

ロンドンのキングスロードに行けば街一番の美しい娘に会える、と聞いたグランブラ監督は、世界的にヒットした『エマニエル夫人』を撮った友人の監督、ジュスト・ジャカンを誘って、流行りの店にランチに出かけた。するとジャカンが、話の途中でいきなりこう叫んだ。

「きみの隣にいる娘は、きみが探している役にぴったりじゃないか！」

すらりとしたシルエットで、ロングヘアのその娘をみて、グランブラはこくりとうなずいた。ふたりは娘に話しかけると、午後からのオーディションにぜひ来てほしい、と頼み込んだ。

その二日後には、ジェーンはパリに向かう機中にいた。

それはパリに五月革命が起きた激動の一九六八年のことだった。フランスでは社会全体が、改革を求める若者たちの動きで大きく揺れていた。旧態然としたド・ゴール政権のフランスの教育体制が、若者たちの新しい価値観と正面から衝突していたし、ついには春になると革命が勃発し、投石が始まり、バリケードが築かれ、車は燃やされ、警官との衝突があちこちで起きていた。パリ市は騒然としていたのだ。

そうした異常な熱気に包まれた革命前夜のパリで、ジェーンは、フランスのポップス界に君臨するカリスマ・ミュージシャン――セルジュ・ゲンズブールと出会っている。

『スローガン』の監督の眼鏡には適ったが、相手役の大物スター、セルジュ・ゲンズブールに気に入られるかどうかはまだわからなかったので、監督はジェーンを連れて彼の家に向かった。

当時、セルジュは左岸ヴェルヌイユ通りに小さいながらも邸宅を買ったばかりだった。内装工事中だったので、そのあいだは両親の家で暮らしていた。その日、セルジュは実家でジャーナリストの取材を受けていた。監督とジェーンは、壁という壁にブリジット・バルドーの写真が貼られた寝室に通される。セルジュはジャーナリストに、ブリジット・バルドーと自分がデュエットで歌う〈ジュ・テーム・モワ・ノン・プリュ〉を試聴させていたところだった。

その曲を聴いたジェーンは、最初の印象をこう語っている。

　なにか気まずくて、胸苦しくなり、無遠慮な感じだったたし、刺激的だったので、どきどきしてしまった。バルドーは甘美な声だったわ。ミシェル・コロンビエが編曲していたけど、重たくて、唸り声みたいだった。

セルジュは、次の映画の恋人役は噂の美女マーサ・ベレンソンだと聞かされていたのに、現場にやってきたのが若い無名のロンドン娘だったので、失望の色を隠せなかった。

監督はジェーンに、いったんロンドンに帰って返事を待つようにと言う。そしてその数日後に連絡が届いた。一九六八年春から撮影を開始する、という朗報だった。

パリで撮影がスタートはしたものの、初日から自分をまったく無視する相手役に、とうとうしびれを切らしたジェーンは、思い切って自分のほうから話しかける。

「挨拶くらいしてもいいのに。お元気ですか、とか」

「きみが元気かどうかなんて、俺の知ったことか」

相手はぶっきら棒な声でそう言い返してきた。

彼女はまた黙り込むしかなかった。

ジェーンにとって、セルジュはこれまでに会ったことのないタイプだった。鼻につくうぬぼれ屋だったが、自分にまるで関心を示さない男性は——それまであまり会ったことがなかったので——妙に気になってならなかった。

セルジュはそのころフランスきっての美人女優ブリジット・バルドーと熱愛中だったが、彼女と結婚しているドイツ人の富豪の夫にとっては、そんなふたりの関係は我慢できないところまできていて、ふたりは別れなければいけなくなっていた。その失恋の痛手のせいでセルジュは不機嫌だったし、塞ぎ込んでいた。

実のところ美しい女性に目がないセルジュは、みんなにちやほやされている女性ほど、無関心を装えばいつもと違う男性の反応が気になるので必ず向こうからやってくる、という恋愛テクニックを熟知していた。

当時、ブリジット・バルドーはベベの愛称で呼ばれていて、その美しく肉感的な魅力からフランスのみならず世界中の男性たちのハートをときめかせ、熱狂的なベベ・ブームが起きていた。そんな世界一の美女との恋に夢中になっていたセルジュだったが、自分よりもドイツ人の富豪を選んだというブリジットの本心は、しかしどうにも理解することができなかったのだ。

撮影はスタートしたものの、ジェーンは自分の不運な人生を嘆いて涙ぐんでばかりいるし、一方のセルジュはといえば失恋のせいで仏頂面で塞ぎ込んでいるのをみて、監督はこれでは撮影は続けられない、と頭を抱えていた。

ロンドンからきた小娘をどうしてもセルジュが許せない明確な理由があった。フランス語もろくすっぽできない癖にパリにやってきてフランス映画に出演しようとするくらい根性のある女の子なのに、ゲンズブールという名前が覚えられず、ムッシュー・ブルギニヨン、と発音することに憤慨していたのだ〔フランスではブルギニヨンと聞くとブーフ・ブルギニオン〔ビーフシチュー〕が連想される〕。

ジェーン・バーキンは、セルジュとの初対面の印象を、「変なおじさんで、礼儀知らずだと思ったけど、後になってそれが彼流の照れ隠しだったとわかった」と語っている。

セルジュ・ゲンズブールのほうは、「初めて会ったときは、彼女はブーダン〔腸詰のソーセージのように垢抜けない田舎娘の意〕だった」とテレビのインタヴューで語っていた。

お互いにまったく好みのタイプではなかったようだ。ジェーンはそれをこう説明している。

一目惚れでなかったからよ。だからなの、ずっと長く続いたのは。

ふたりの間がうまくいかないので頭を抱えていたいたグランブラ監督は、このままでは撮影が続けられないので、三人で夕食に出掛けて、これからのことを話し合おうともちかけた。セルジュは乗り気ではなかったが、仕事の打ち合わせなら仕方がないので、渋々約束をする。こうして彼は、当時流行りのレストラン「マキシム」（ジェーンは「レジーヌ」だと言っている）にやってきた。

パリでの撮影期間中、ジェーンはまだ一歳に満たない赤ん坊のケイトを連れ、ノートルダム寺院が目前にみえる小さなホテル・エスメラルダに逗留していた。監督から夕食で打ち合わせをするという話を聞くと、彼女もその夜は赤ん坊を預けて「マキシム」（または「レジーヌ」）に合流する。そのホテルには兄のアンドリューも泊まっていた（スタンリー・キューブリック監督の撮影のための仕事でパリに来ていた）。ところがその夜、監督はレストランに姿を現わさなかった。ふたりきりにすれば少しは親しくなるかもしれない、という策略だったのだ（セルジュはそう言っているが、ジェーンは日記に、監督は夕食の後に姿を消したと書いている）。

ジェーンの日記をみてみると、後から加筆された部分にはこう書かれている。

一九六八年（二十一歳）

日付なし

［…］「普段の彼（セルジュ・ゲンズブール）は撮影のときとはまるで違う」と言っていた監督はレジーヌ（セルジュはマキシムと言っている）のクラブでの夕食をセッティングしたのですが、それはわたしが撮影以外の場所で、素の彼をもっとよく知るためでした。

グランブラ監督は食事が終わると姿を消してしまい、わたしときたら、セルジュをフロアに引っ張り出して、スロウのダンスに誘いました。びっくりしたのは彼が下手くそなのでわたしの足を踏んづけてしまい、この人はダンスができないのだとわかったのですが、それはむしろわたしには素敵なことでした。それに彼が途方もなく気取り屋で、不遜な態度をみせるのも、実は並外れた羞恥心や照れ屋なのをカモフラージュするためなのだ、とわかったからです。［…］

それからセルジュはわたしと一緒にタクシーに乗り込んできて、わたしをホテル・エスメラルダで降ろしてやるよと言いました。思わず「いやよ」と言ってしまったのは、てっきり彼が両親と暮らしている家に連れていってくれるものだと思っていたからです。ところが呆れたことに到着したのはホテル・ヒルトンで、夜間のドアボーイが「いつものあの部屋でいいですか、ムッシュー・ゲンズブール？」と言い放ったのです。エレベーターのなかで行き先ボタンの銅のカバーに映ったわたしは、しかめ面をしていたし、自分でもなんて大胆なことをするのだろう、と思ってました。部屋に入ると真っ先にバスルームに飛び込んだのですが、それは時間稼ぎのためでした。なんといってもこれではあまりにも軽率な行動に思えたからですが、浴室から出てきたときはセルジュは仰向けになって眠りこけていました。それでわたしは「起こさないで下さい」のドアプレートをつけ、扉を少しだけ開けたままにして、ドラッグストアに飛んでいき、わたしがレジーヌでひとりで踊った曲のシングル盤〈ユーミー、ユーミー、ユーミー、アイ・ゴット・ラヴ・イン・マイ・チュミー〉を買って戻ってくると、レコードを彼の足指に挟んでから、部屋をそっと出て、何事もなかったように、赤ん坊や兄のいる自分のホテルに帰ったのです。

翌日、セルジュとジェーンが仲良くスタジオにやってきたのをみて、監督はほっと胸を撫で下ろし、策略がうまくいったことを知る。撮影中もジェーンは前日より優しい視線を共演者に向けるようになっていたし、セルジュもロンドン娘をこき下ろす嫌味は言わなくなっていた。

ひとの記憶なので、果たして正しいのはセルジュの言い分なのか、ジェーンの日記の追記のほうなのかはわからないが、ホテルに連れていかれ、ホテルのドアボーイにいつものあの部屋でいいですか、と聞かれても平静を装って部屋までついていくところが、いかにも無鉄砲なジェーンらしい。

撮影も順調に進んでいき、そろそろロンドンに帰る日が近づいてきた。

赤ん坊を抱いてジョンに追い出されてからまだ一年も経っていなかったし、新たな恋に身を任せるのはまだ不安もあったが、それでも彼女はセルジュの魅力に次第に引き込まれていった。

セルジュと出会ってからというもの、ジェーンは過去の不遇を思い出す暇もないくらいに、脚光を浴びるようになり、スターへの階段を、まっしぐらに駆け上っていった。パリのダンディーと言われていたセルジュと暮らすようになったジェーンは、一段とファッションセンスも磨かれていき、白シャツにデニムのジーンズといったオーセンティックなものも着るようになった。ブリティッシュ・スタイルのきみが好きだよ、と恋人に言われたので、フランス語も英語訛りのままで直そうとはしなかったし、モードにしても、あえてバーバリーのトレンチや、スコットランドのタータンチェックのミニスカートなど、英国スタイルをアピールしていた。ケイトのおしめを入れるためにロンドンのヘイ・マーケットで買った籐の籠を下げていたところ、ロンドン・ファッションを象徴するような彼女のスタイルに目をつけたファッション誌に取り上げられて、パリジェンヌたちのあいだでもパニエ（籐の籠）がブームになっていく。

『スローガン』の撮影が終了してしまうと、次の『太陽は知っている』のロケ地は、コート・ダジュールで、それも地中海のスノッブなリゾート地サントロペだった。

ところが、アラン・ドロンが共演者だと知った途端にセルジュは、ジェーンが名高いプレイボーイのドロンに奪われるのではないかという妄想に取り憑かれて、仕事どころではなくなり、自分も一緒に行って撮影の間は赤ん坊を預かると言い出した。

八月〔一九六八年〕

月曜日

［…］『太陽は知っている』の撮影のあいだ、セルジュとわたしとケイトは、サントロペのホテル・ビブロスに逗留した。セルジュが運転手つきの超大型のロールスロイスを手配してきたので、わたしたちはパリからそれで現地に向かった。ロールスの幌のところにケイトの乳母車や、赤ちゃんのための必需品を紐で結びつけたのは、そうすれば勿体ぶったロールスの重々しいイメージも少しは和《やわ》らぐだろう、とセルジュが言うからだった。おまけにこの馬鹿でかい車は、サントロペの狭い路地には入れないので、結局わたしたちは一か月滞在することになるホテルまで、自分たちの荷物を持って行く羽目になった。両親もやってきた。両親の部屋はまだ準備ができていなかったので、母にわたしたちのスイートのバスルームでシャワーでも浴びてきたら、と勧めた。母はバスルームの鏡に口紅で、いくつかのハートマークとともに「愛してる、愛してる、

愛してる、セルジュ」と書かれていた、と言っていた。〔…〕ある日、ロミー〔・シュナイダー〕が、あなたも子供を連れてきて、わたしの息子のダヴィッドやドロンの息子のアントニーと一緒に遊ばせたらどう、と提案してくれたので、願ってもないと思い、ケイトを連れていった。一度連れていっただけだった。それなのにドレイ監督がものすごい剣幕でわたしをどなりつけたけど、それは映画のなかでは、わたしは十八歳の娘ということになっていたので、映画のイメージとしては……〔…〕

セルジュにとって、ロールスロイスは男としてアラン・ドロンと張り合うための見栄だったようだが、一方では自分の恋人のジェーンがロミー・シュナイダーやアラン・ドロンといった一流大物スターたちと共演しているのが内心自慢だったようだ。撮影の合間には、車のなかでケイトの子守をして、おむつを変えたこともあったという。

サントロペはブリジット・バルドーの別荘があることでも有名なので、ジェーンもセルジュの元恋人とどこかで会うのではないかと気になっていたが、ふたりでレストランで食事中にバルドーが通りかかっても、セルジュは別段動揺はしなかったそうだ。

ジュ・テーム・モワ・ノン・プリュ

「世界でもっとも美しい愛の歌を作って」とバルドーにねだられたセルジュは、渾身の力を込めて〈ジュ・テーム・モワ・ノン・プリュ〉を生み出した。だが、バルドーの夫ギュンター・ザックスの知るところとなり、猛反対され、曲はそのままお蔵入りになっていた。

〈ジュ・テーム・モワ・ノン・プリュ〉というタイトルは、シュルレアリスム画壇の奇才、サルバドール・ダリの言葉から着想を得たものだという。ダリはこう言ったそうだ――「ピカソはスペイン人、僕もスペイン人。ピカソは天才。僕も天才。〔…〕ピカソはコミュニスト、僕も違う《モワ・ノンプリュ》」（一九五一年十月十二日のマドリードでの講演）。

新しい恋人ジェーンがこの曲を歌ったらどうだろうと、あるときセルジュは思いついた。彼女が歌ってみると、一オクターブ、バルドーより高い声だったが、その甘ったるい透明感のある声は愛の場面を上品に感じさせるのにうってつけだった。セルジュは早速録音に取り掛かった。

こうしてジェーンは、パリに来て一年目に歌手としてデビューすることになり、一九六九年二月にシングルが発売されることになった。

ところが、ラジオで初めてこの曲が流れた途端、カトリックの国フランスでは、過激な愛の描写がリアルすぎると言って憤慨する者が続出した。それでも瞬く間に海外にも広がっていき、世界各都市のヒットチャートの上位を占めるワールドヒットになっていった。

騒ぎを憂慮したローマ法王が、あまりにもアンモラルな曲だと苦言を呈したことで、波紋は一段と広がっていく。騒ぎの渦中、当のセルジュはインタヴューのときに、「きみ、最高の広告代理店はどこか知ってるかい？　それはバチカン市国なのさ」と言っていたという。

確かに、法王に非難されてからというもの、人々はむしろその淫らな曲に興味を示すようになり、一気にブレイクしていった。

「英国ではヒットチャートのトップになったけど、曲が顰蹙《ひんしゅく》を買ったから、それ以来わたしロンドンに帰りにくくなったのよ」とジェーンがこぼしているのを、直接本人から聞いたことがある。

一九六九年は、彼女は一行も日記を書いていない。その年に書かれているのは追記だけだ。〈ジュ・テーム・モワ・ノン・プリュ〉の国内や海外でのプロモーションやインタヴューなどで、よほど多忙をきわめていたのだろう。

一九七〇年〔二十三歳〕

うっとりするような一月

〔…〕セルジュとわたしって、まだ付き合って十八か月しか経っていない。ドーヴィルのホテル・ノルマンディーに滞在してパリに戻ってきた後、セルジュの実家に泊まった。あの風変わりな寝室で彼がどれほど優しくわたしを寝かしつけてくれたか、あの夜のことは忘れられない。それから彼は別の部屋に寝にいったけど。たとえどんなことがあっても、わたしはもう彼以外の人をこれほど愛すことはないわ。最初に視線を交わしたその瞬間から、うまくいくと思えるような人とは、もう生涯二度と会えないだろう。彼はすごくハンサムだと思うし、醜くみえたことはなく、変わってる、というだけ。

女性の扱い方に関しては、あらゆることを熟知しているセルジュにとって、ナイーヴなジェーンはまたとない恋の相手だったのかもしれない。監督のお膳立てがなければ、初対面の印象はお互い最悪だったし、変なおじさんで終わっていたかもしれなかったのだが、今では彼に

Ballade de Melody Nelson
HISTOIRE DE MELODY NELSON

夢中のジェーンは、セルジュのなにもかもが輝いてみえたし、ハンサムな相手と人生最高の恋をしていると信じるようになっていた。

ふたりは片時も離れることがなく、旧ユーゴスラビアで『十九人の娘と水兵』という映画の撮影で共演するため山奥の辺鄙な町へ行ったときには、セルジュは共産党にもらったギャラでロールスロイスに乗っていると言って自慢していたという。

シャルロットの誕生

一九七一年三月、セルジュが彼女のために作曲したなかでも有名な曲〈メロディ・ネルソンのバラード〉をジェーンが歌い、そのアルバム《メロディ・ネルソンの物語》が発売された。当時シャルロットを身ごもっていたジェーンは、アルバムのジャケットの写真では上半身裸だが、お猿のぬいぐるみを抱いて腹部を隠している（ジェーンの日記は、子供のころからとても大切にしていたこのぬいぐるみに語りかけるようにして書かれている）。

その年の五月、セルジュのコンサートに同行して、シャルロットを懐妊中だったジェーンは四歳のケイトを連れて初めて日本を訪れている。ファンからの大歓迎をうけたという。

「日本人は優しくて礼儀正しくて、歴史のある文化だし、わたしセルジュと行ったあのとき以来すっかり日本びいきになったの」とジェーンはよく言っていた。また後年、シャルロットも、「わたしはママンのお腹のなかで日本まで旅をしたのよ」と嬉しそうに語っていたものだ。

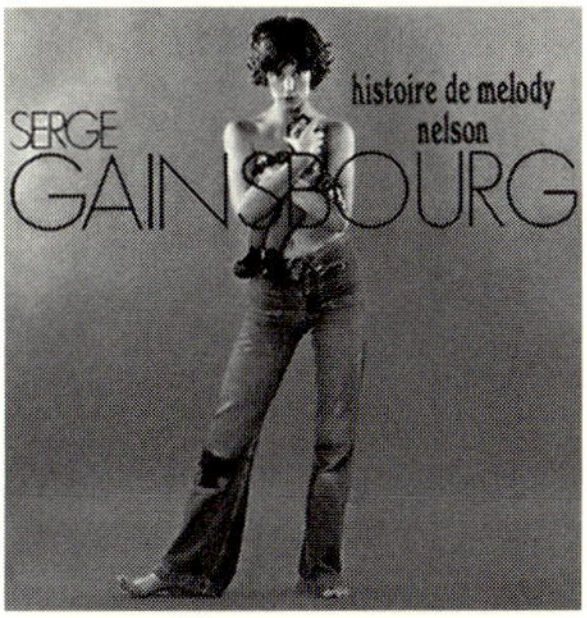

Serge Gainsbourg
HISTOIRE DE MELODY NELSON
ALBUM JACKET

一九七一年〔二十四歳〕

七月二十日、シャルロット誕生

かわいいシャルロットは、七月二十一日一〇時一五分に産まれた。体重三・四キロ、絹のようなふさふさの黒髪だった。ずっと長い間わたしと一体化していた赤ん坊は、薔薇色がかったグレイの紐で繋がっていて、それが切られるところをみていると、目前に差し出してくれた。これまでこんなに美しいものをみたことがなかった。ちっちゃくて、崇高で、愛しいもの！　わたしとまだ繋がっているところを、セルジュにみせたかったけど、セルジュはアンドリューと分娩室の外にいた。女の子だと知って、彼は大喜びだった。ママンは彼が有頂天だと言うし、最後までわたしに付き添ってくれたガブリエルは、彼が夢のなかにいるようだと驚喜しているという。セルジュはアンドリューと祝杯を挙げにいっていた！

シャルロットの教父は男優のユル・ブリンナーに頼むことにし、赤子を抱いて、ジェーンはパリの自宅に戻る。

自分には自信がないが、愛する人がいると、なんとしてでもその男性の子どもを産みたいって、そのことばかり考えるのよ。

女性誌『フィガロジャポン』(一九九五年八月五日号)で私がジェーンに独占インタヴューをしたとき、彼女はそう語っていた。シャルロットの誕生で、これで変わり者のセルジュとの恋もやっと成就したと思うようになっていたし、愛の証のシャルロットは、ジェーンにとって愛おしく、かけがえのない特別な存在になっていく。

だが、そうした薔薇色の日々だけではなかった。

なにもかも過激で、退廃的で、アルコール依存症、そのうえヘヴィースモーカーの彼と暮らすとなると、日常的に振り回され、一日として落ち着ける日はなかったようだ。バーやクラブをはしごする夜遊びが止められないセルジュは、子供が産まれてからも、陽が落ちると、美しく着飾ったジェーンを連れて明け方まで飲み歩いた。当時のことを、パリの若いインテリたちに人気の音楽雑誌『レ・ザンロックティブル』のインタヴューで、ジェーンはこう回想している。

わたしたちは一晩中クラブに踊りにいっていたの。夜一〇時に出かけて、清掃員の車が来るころに帰っていたわ。子供たちが起きてくるのを待って、一緒に朝食を食べた。それからベッドにつくと昼過ぎの三時に起きて、夜の支度をするの。六軒のクラブをはしごするのがいつものコースだったの。最初はマダム・アルチュールから始めた。セルジュは店にいるゲイの子たち全員顔見知りだったし、彼の父親がここのマダムの店でピアニストをしていたからなの。その次はピガールに行った。それからレジーヌ、その後はロシア楽曲を演奏するミュージシャンのいるラスプーチンだった。ラスプーチンが閉まっていると、メキシコ音楽を演奏するクラブに行き、〆《しめ》に行っていたのはレアールのビストロだったわ。仕事関係のことなんか気にもしていなかった。とことん楽しんでいたの。

夜遊びのコースを彼女は具体的に説明しているが、手のつけられないアルコール依存症との付き合いを朝まで続けるというのは、相当タフでないとできない。当時お手伝いさんはいたとしても、自宅で留守番をしていたケイトは四歳、シャルロットは一歳にも満たなかったのだ。そうした彼を、マスコミはいつしか「ゲンズバール」（バールはバーの意味、本人は「ス・バレ＝逃げる」が語源だと言っていた）、要するにバーに入り浸る奴と呼び、夜ごとの彼のバーめぐりの酒宴はパリで有名になり、ファンまで一緒についてくるようにもなったという。

チェルシーのお嬢さん育ちのジェーンも、当初はそんな夜遊びを面白がっていたようだが、どうかするとセルジュは急に機嫌を損ね、いきなり彼女に怒声を浴びせかけてくることもあった。感情が激昂してくると人目もはばからずクラブでジェーンと派手な喧嘩をするようになり、彼女も酒乱の彼の怖さを思い知らされるようになる。とりわけレコーディングのときには、普段の優しいセルジュとは打って変わった別の顔を見せるため、すっかり怖気づいてしまったジェーンは、途中でレコーディングを投げ出したこともあったという（それは一九七二年十二月に、セルジュとのスロウなダンス曲〈デカダンス〉のB面〈ラング・ドゥ・シャ〉［邦題〈仔猫チャン〉］や《エクス・ファン・デ・シクスティーズ》［邦題《想い出のロックン・ローラー》］を録音中のことだったという。セルジュは彼女に思春期の女の子の声を出すようにと強要してきたからだ）。

前出の『レ・ザンロックティブル』誌のインタヴューで、当時のことをこう語っている。

スタジオでレコーディングをしたけど、彼はその間もずっとわたしに甘かったわけではなかったの。わたしの歌い方が気に入らないと、怒鳴りつけたのよ。わたしとしては歌詞に書かれた通りになんとかして彼のレベルに達したくて、懸命に努力をしていたのに。〈エクス・ファン・デ・シクスティーズ〉〔「60年代の元ファン」の意〕を録音していたときに、歌い出すタイミングがちゃんとわかるように、あの人ったら物差しでわたしの指を叩いたのよ。時には彼が怖くなって足がすくみ、スタジオに行けなくなった。その日以来わたしが歌えなくなったので、録音を四か月中断することもあった。もうわたしはうまく歌えないのではないかとずっと不安だったの。

この曲はその年のダンスミュージックとして絶対ブレイクすると言っていたセルジュだが、結局そこまでは行かなかった。七〇年代のジェーンは、夜のバーめぐりのときの諍《いさか》いや、レコーディングのさいの容赦ない態度などから、いつしかセルジュをどこかで怯《おび》えるようになっていた。

一九八〇年〔三十三歳〕

五月二十八日、ドワイヨン

[…]アルコールはわたしの悪夢なの。それは人を別人にしてしまうし、悍《おぞ》ましいことだわ。どうかすると彼はこんなことを言うの。自分は今では栄光も金も名声も手に入れたが、唯一まだ体験していないことがある。それは殺人なのさ。

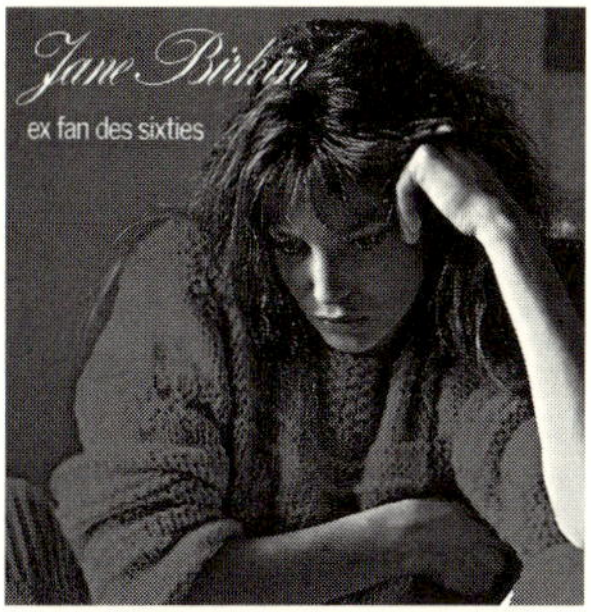

Jane Birkin
EX FAN DES SIXTIES
ALBUM JACKET

以前の彼はそんなことはけっして口にしなかった。これがどういう風に決着するかはわたしにはわからない。辛くてたまらなくなると、わたし、死にたくなる、彼の手にかかって死にたいの。それでよくない？　生きていくことに自信がないし、疲れ果ててしまった。

深酒をしたセルジュは、「殺す」とまで口にしているのだから、尋常ではない。

仕事の面でも彼女は行き詰まっていた。これまで映画では『まじめに愛して』（一九七四年）や『麗しのカトリーヌ』（七五年）、『ジュ・テーム・モワ・ノン・プリュ』（七六年）、国際級のスターと共演した『ナイル殺人事件』（七八年）などに次々と出演していたが、女優として、これまでのどの作品も、自分の内面を反映したような役ではないような気がしてならなかった。三十代半ばになってくると、ただ単に魅力のある女優というだけではやっていけないように思えてきた。セルジュとの関係も、仕事の面でも、靄《もや》がかかっているようにまるで先がみえてこない状況にいたジェーンは、鬱屈した日々を過ごしていた。

ルーの誕生

当時三十六歳の監督ジャック・ドワイヨンと出会ったのは、ちょうどそんな時期だった。彼は『小さな赤いビー玉』や『泣きしずむ女』などを撮っていたが、一九八〇年ごろはまだ知名度もそれほどではなく、だが新進気鋭の監督だとみられていた。

もともとジェーン・バーキンのファンだったドワイヨン監督は、まだシナリオも書いていないのに、大物プロデューサーで監督のクロード・ベリの夫人アンヌ＝マリーがジェーンを紹介してくれるというので、出演交渉のためにひとりで会いにいくことにした。

ジェーンのほうは、『あばずれ女』をみて彼の作品が気に入っていたので、ヴェルヌイユ通りの自宅で監督と会う約束をする。おそらく六十代のアラン・レネ風の初老の監督がやってくるのだろうと想像していたジェーンは、ドアを開けた途端、自分と同年代の美男子がそこに立っているのをみて驚いた。しかも、「あなたのような女性がヒロインの映画を僕は撮りたいのです。僕の映画に出てほしい」と、低く、熱のこもった声で語りかけてくる。

「あなたの映画を撮るのがずっと前からの僕の夢でした」と何度も繰り返されたジェーンは、天にも昇る心地だ。昼間は子供の面倒をみて、夜は「ゲンズバール」になってしまう酒乱のパートナーに連れられて酔っ払いたちとバーをはしごする暮らし。そんな日々に疲弊していたジェーンにとって、セルジュとは真逆の穏やかなインテリ監督は救世主にみえただろう。

その日から女優と監督は、まだ書かれていないシナリオの打ち合わせという名目で、頻繁に外で会うようになっていった。

一途なジェーンは、自分のファンだという監督と付き合うようになると、相手が既婚者だとわかっていながら、早くセルジュと別れてヴェルヌイユ通りの家を出たいという気持ちを抑えきれなくなった。決断するときはいつも思い切りのいいジェーンは、知り合ってからまだ半年も経っていなかったが、一九八〇年九月、ケイトとシャルロットのふたりの娘を連れて、セルジュと十二年間暮らした左岸の家を出る決心をする。

この先どうなるのか自分でも皆目わからなかったが、娘たちを連れてひとまずホテルに逗留させる。ピエール・ミカイロフ著『ジェーン・バーキン――「市民ジェーン」』という伝記によると、そのホテルは、セルジュと初めてふたりきりになった思い出の場所のホテル・ヒルトンだったという。

それを知ったセルジュが「呆れたものさ。あのふたりは、ヒルトンで会っているんだぜ」と言うと、それを聞かされた知人は「それはひどい、せめて他のホテルに行けばよかったのに」と慰めたという。

セルジュと別れ、ジェーンが子供たちをつれて家を出てきたと知ったら、ジャックもこころを動かされて離婚に踏み切り、自分と新たな家庭を築く気になってくれるかもしれない。漠然とそんな考えがジェーンの頭をかすめていたのかもしれない。

数日後、彼女はまた別のホテルに移り、やがてそのうち高級住宅地と言われる右岸十六区のラ・トゥール通りの、前庭のある一軒家をみつけてそこに落ち着くことにした。それでも相手はジェーンと本妻の間を行きつ戻りつして、いつまで経ってもはっきりしなかった。

一九八二年九月四日にふたりの間に愛の結晶ルー・ドワイヨンが産まれても、彼のどちらが軸足かわからない曖昧な態度は変わらないままだったようだ。

そして、がらんとした左岸の家にひとり取り残されたセルジュは、明かりもつけず、一日中暗い部屋に閉じこもるという悲惨な日々を過ごしていた。誰にも会いたくなかったセルジュが、唯一救いを求めにいったのは、最初の妻で画家のリズ（エリザベート）・レヴィツキーだった。

テレビ番組で私も彼女のインタヴューをみたことがある。

「わたしの家《うち》に飛び込んできた彼は、僕のジェーンが、僕のジェーンが、と言って号泣していた。悲鳴のような叫び声を上げて、床の上をのたうち回って、それはもう手がつけられないほど苦しんでいた」。彼女は淡々とそう語っていた（ダリとも親交のあったリズは、セルジュと暮らした日々を回想した『リズとリュリュ』を出版している。セルジュの本名はリュシアン・ゲンズブールだったので、彼女は当時リュリュと呼んでいたのだ）。

ちなみに、リズとの離婚後、セルジュはフランソワーズ・パンクレジィという女性と再婚し、ナターシャとポールという二児をもうけている。しかしながら、画家を目指していた若いころアカデミー・モンマルトルという絵画教室で同じ夢を分かち合ったリズのほうが、セルジュには話しやすかったのだろう。

ゴシップ誌などにも「伝説的な大物カップルが別居か?」という記事が出始めた。だが、その報道を決定的にしたのは、同年十月二十四日発売の国民的写真週刊誌『パリ・マッチ』の記事――「ゲンズブール、バーキン　決裂」だった。別離の理由はジェーンが映画監督のジャック・ドワイヨンと恋に落ちたため、ということが大衆の好奇心を煽っていった。

メディアの注目が集まり、当初はあまり外出したくなかったセルジュだが、そうすると世間では捨てられた男が家のなかで打ちひしがれている、と思われて同情される。誇り高い彼には、それは耐えがたい屈辱だった。そこで再び以前のように、まるで何事もなかったかのように、夜ごとの酒場めぐりを始めることにした。

ある夜有名クラブ「エリゼ・マティニオン」に来ていたセルジュは、ジェーンの若いころの面影がある美しい娘がフロアで踊っているのが目についた。クラブのオーナーに頼んで、彼女をテーブルに呼んでもらうことにした。

父はドイツ人、母は中国系のヴェトナム人というユーラジアンの二十一歳のモデルが、パンク系のボーイフレンドたちとクラブに遊びにきていたのだ。クラブのオーナーに、ムッシュー・ゲンズブールがテーブルに来てほしいと言っていると聞いても、「えっ、あんな老ぼれが!　勝手にすればいい!　知るもんか!」と言ってまるで相手にしなかったという。それが、バンブーこと本名キャロリーヌ・ヴァン・ポーリュスとセルジュとの出会いだった。

だが、その「老ぼれ」は、実は愛する人に見捨てられ、自尊心を踏みにじられ、クラブで深酒を煽っていると知って、放っておけなくなったようだ。こうして彼女は、三十一歳も年上の男性と付き合うようになった。一九八六年には、ふたりの間に男児ルルー・ゲンズブールが産まれた。セルジュにとって、四人目の子供だった。

その一方でジェーンは、セルジュの家を出たことを別れた直後から後悔していた。日記にも、セルジュを懐かしむ気持ちが繰り返し記述されているし、どうして愛する男たちふたりと一緒に暮らせないのだろう、とも書いている。まるでトリュフォーの映画『突然炎のごとく』のジュールとジムとカトリーヌみたいに、男女三人による愛の関係を夢見た時期もあったようだ。

ヴェルヌイユ通りの家

一九八八年三月、日本の雑誌出版社から海外取材の拠点としてパリ支局を任されていた私に、『ブルータス』編集部からの依頼が飛び込んできた。セルジュ・ゲンズブールが来日するので、その前にパリでインタヴューをしてほしい、という。

ちょうどパリでゲンズブールのコンサートが開かれていて、場所は新しいコンサートホールとして当時人気のあった「ゼニット」だった。赤いモダンな建物は、ラ・ヴィレット公園の一角にあり、インタヴューはそのホールの楽屋で行なわれることになった。

まだ完成して間もないホールの内部は装飾も何もないそっけない空間だったが、一か所だけ、大きな鏡の周囲を華美な色の眩しい電球で無数に飾りつけたハリウッド・スタイルの場所があり、どうやらそこがゲンズブールの楽屋らしかった。周囲の寒々とした鉄骨にくらべると、そこだけがあまりにも明るく、華やかな色合いに溢れていたので眺めているると、背後から、低音の渋い嗄《しわが》れ声がした。

「どうだい、気に入ったかね?」

振り向くとそこにゲンズブールがいた。短くなったジターヌの煙草《たばこ》を唇の上に危なっかしくのせて、素足にレペットのシューズ、無精髭といったいつものトレードマークの姿で、相手の反応を待つ様子もなく、自分の世界に浸りきっているようにみえた。

私としてはその楽屋が気に入るというより違和感に戸惑っていただけだったので、返事を渋っていると、相手は勝手に話し出してくれた。

「イカすだろう? これはエルヴィス・プレスリーがラストコンサートをしたハワイのホノルルの楽屋を再現したものなんだ。鏡の前にあるのは、俺の自宅から持ってきたものだ」

そう言うと、鏡の前に並んだ香水の瓶を指差した。メンズではなく、それらは女性用の香りのようだった。

そこからプレスリーの話を始めたが、火の消えた煙草の吸殻が口に張りついたままなので、ゲンズブールの発音は聞き取りにくかった。自分はフレンチ・ポップス界に君臨しているキングなのに、どうしてアメリカの大物ロック・ミュージシャンとそっくりの楽屋にしたかったのか、私にはどこか腑に落ちなかった。東京公演は五月二十一日なので、インタヴューを終えてから大急ぎで記事を送ったものだ。

だがしかし、訪日前の五月四日のトゥルーズでの公演はフランスでのラストコンサートとなり、東京の人見記念講堂が本当にラストコンサートとなった。

一九九一年三月二日深夜、ヴェルヌイユ通り五番地ビスの自宅二階の寝室で息絶えているセルジュが発見された——という速報がメディアに流れた。

セルジュは、長年の不摂生がたたって肝臓の手術をすることになり、術後はパリ郊外ヨンヌ県の世界遺産になっている中世都市ヴェズレーの三星レストラン「レスペランス」のホテルで休養してから、趣味のいいクラシックホテルとして知られるパリのラファエルに滞在し、その後は自宅に戻っていた。セルジュから連絡が途絶えたので、心配になってやってきたバンブーが、消防車を呼んでドアを開けてもらっている(息子ルルーの母親であるバンブーとは知り合ってからすでに一〇年近く経っていたが、セルジュは彼女に家の鍵を渡していなかった)。死因は心筋梗塞だったようだが、ひとりでいたため、亡くなってからどのくらい経過しているのかはわからなかった。

セルジュの遺体は、モンパルナス墓地のボードレールとサルトルの墓の間に埋葬されることになったという。

ラ・トゥール通りの隠れ家

私がパリ支局に赴任したころ、ジェーンの隠れ家は右岸ラ・トゥール通りの路地裏にあった。フランス人は芸能人の私生活についてとやかくモラルを要求しないが、日本だったらさしずめ、「駆け落ちした不倫相手との家」と言われるのかもしれない。私が取材で初めてそこを訪れたとき、そこはいかにも世を忍んで暮らしている恋人たちの「愛の隠れ家」にみえたものだ。

そのころジェーンは、新たなパートナーのジャック・ドワイヨンと同棲を始めていた。初対面のときに監督が約束したシナリオが完成したので撮影に入ることとなり、ジェーンをモデルにした『放蕩娘』（一九八一年）が映画化されたが、この作品は実はそれほど評判にはならなかった。それから三年後に封切られた『ラ・ピラート』（一九八四年）のほうが話題になった。『ラ・ピラート』は、ふたりの現実の愛のかたちをありのまま描いたような、激情に揺れる恋人たちの心理ドラマになっていたからだ（ジェーンは男からも女からも愛されるバイセクシャルの妻を演じ、夫役は実兄アンドリューが演じた）。日頃は辛口のジャーナリストたちからも、シネフィル（映画狂）からも高く評価された。

そのころヨーロッパのオペラ界や演劇界で、古典ものでも現代の作品でも深みのある演出をするとして絶大な人気のあったパトリス・シェローも、映画『ラ・ピラート』をみて、主役のジェーン・バーキンの演技は劇場にも向いていると判断したようだ。

母親が舞台女優だったため、若いころは舞台にも憧れ、グレアム・グリーンの戯曲『彫像』を演じたこともあったジェーンだが、パリに来てから演劇とはほど遠いアイドル的存在になり、本来の自分とはかけ離れた方向に行ってしまった、と悩むこともあった。

そんなジェーンに、演劇界のカリスマ演出家パトリス・シェローがマリヴォーの戯曲『贋の侍女』の伯爵夫人役を打診してきたので、ジェーンは有頂天になり、それを引き受けることにした。これまでの自分のイメージから脱皮できる、またとない機会になるかもしれない。

当時シェローの舞台を支えていた熱狂的なファンはパリのインテリ層だったし、彼の芝居に出ることは、いわば知的ステータスを獲得するようなものであった。こうして、ジェーンはパリの五月革命の舞台となったナンテールのアマンディエ劇場で、シェローの演出によるマリヴォー作品の舞台に立つこととなった。

パトリス・シェローの愛人と噂されていた男優パスカル・グレゴリーから、その当時ジェーンとドワイヨンが住んでいた十六区の家にシェローと一緒に夕食に招待された夜の話を聞いたことがある。東京では蜷川幸雄の舞台のファンだった私にとって、そのふたりは蜷川幸雄と平幹二朗の関係に似ていて、シェローにとってパスカルはもっとも愛しい表現者だったのだろう。だが、巷では相思相愛の演出家と役者との同性愛カップルだと言われていた。

パスカルはこう語っていた。「夕食にもうひとりくるから少し待って、とジェーンが言うので、サロンでジャックやパトリスと話し込んでいると、そこにステッキをついた老人、ゲンズブールがゆっくりと入ってきたので驚いた。ジェーンはすぐにゲンズブールに手を貸して、テーブルに案内していた。食事中も、元恋人と現恋人のふたりに、ジェーンはとても気を遣っていたよ。食事が済むと彼はタクシーを呼んでもらい、すぐに帰ったけど、僕らは彼がタクシーに乗り込むところまで見送った」。

フランスの映画界の知性派ドワイヨンと演劇界の才人シェロー——そんな頭脳的なふたりと出会ったフレンチ・ポップス界の異端児セルジュは、どんな胸中だっただろうか。

自分が大切に育てた愛しいロリータの「イエイエ娘」が、今では知のエリートとして有名な芸術家たちと一緒にいる……。その日の夕食の席のセルジュを想像すると、少し痛々しい感じもする。

不倫の熱愛の果て

ジェーンを取り巻く人たちはそのころから少しずつ変化していく。

ヌーヴェル・ヴァーグの元祖と言われ、『5時から7時までのクレオ』などの名作で知られる女性監督アニエス・ヴァルダが、四十歳を前に圧倒的な存在感を示しはじめたジェーンの魅力に注目して映画を撮ることになった。『アニエス・Vによるジェーン・b』（一九八八年）というドキュメンタリー風の作品は、男性からの目線ではなくジェーンの魅力をみごとにフィルムにおさめたものになっている。

どういう経緯からかは覚えていないが、あるとき私はジェーンとふたりで食事に出かけたことがあった。セーヌ通りの彼女の行きつけの美容院ジャック・モアザンに迎えにいき、私たちは日本料理店の円に向かった。

その日はパリでは珍しく蒸し暑い日で、眩しい日差しだった。

「さあ、行きましょう」

美容院を出ると、ジェーンはそう言って、スニーカーでささっと小走りに駆け出すと、ほんの三〇センチほどの幅の日影を見つけては建物に背中をぴたっと付けて、そこから忍者のように横歩きで進み、そのまま影から影を渡り歩きながら進んでいった。まるで、新しい遊びを見つけた無邪気な少女のように。のろまな私は時々影からはみ出しながら、仕方なく紫外線の直射を浴びて彼女についていったものだ。

円に着くと店主の桜井克樹さんが、一階左奥のジェーンのいつもの席に案内してくれる。そこはカトリーヌ・ドヌーヴの席としても知られていた。ジェーンは真っ先に雲丹《うに》を注文したが、私はおひたしや蕎麦鮨をオーダーしながら、次の日に孫の誕生日パーティーをするというジェーンの話を聞いていた。

「でも世の中には、誕生祝いをされるのが嫌いな人もいるのよね」と彼女が言い出した。

実は私自身、毎年決まって暦通りにルーティンの誕生パーティーをされるのは好きではなく、時々サプライズで祝われるくらいがちょうどいいと思っているので、つい本音で「そういう人もいるでしょうね」と応じる。

「ジャックがそうだったの」

彼女がジャックと言えばドワイヨンのことなので、黙って聞いていた。

「あの人が東南アジアに行っていたとき、ちょうど誕生日になった。仕事が空いていたので、わたしサプライズをしようと思って彼のいる都市まで行って、同じホテルに入ったの」

「彼、喜んだでしょう?」

緑茶をゆっくりと飲み干したジェーンは、顔を顰《しか》める。

「とんでもない」

「仕事が忙しかったの?」

「二度とこんな真似をしないでくれ、って言われた。誕生日なんか大嫌いだ。これまでずっと我慢していたけど、もう我慢できない——そう言われたのよ」

知性派のドワイヨンとしては、小市民的な誕生会なんか偽善的な祭事でしかなく、耐えがたいことだったのだろう。パリでは我慢できても、はるばる何千キロ先の旅先まで追いかけてきて祝おうとするジェーンの神経が理解できなかったのだ。

「パリから誕生日のプレゼントを色々持っていっていたのに、無駄だったわ」

その出来事から程なくしてふたりは別れたというし、それはジェーンとしても許せない出来事だったのだろう。

英国人のジェーンにとって、クリスマスや新年、誕生日を祝うのは、欠かせない行事だった。

一方ドワイヨンには、たとえば元旦に何か特別なことをする、といった発想はまるでなかった。どこかに出かけたいと言っても家にいるほうがいい、と言われて彼女はがっかりしたそうだ。片田舎に行ってピクニックをしたいと言ったときは、だったら近くのブローニュの森にサンドイッチを持っていこう、と言われたという。

「彼との生活はまるで修道院みたいな暮らしだったわ」と、ジェーンは芸能誌『ガラ』で語っている。

一九九二年にふたりは別れているが、それはセルジュのときと同様に、ちょうど十二年目に訪れた別離だった。

二重不倫の果ての監督と女優の熱愛も、ついに燃え尽きてしまったのだ。

あるときジェーンは、一緒に暮らしていた末娘のルーが帰宅しないので心配してドワイヨンの仕事場に電話をかけた。するとそこにはルーがいて、電話の向こうには、どうやらドワイヨンの新しい恋人と娘が親しくしている様子が感じられたという。新しい恋人の存在も知らなかったジェーンにとって、それはジャックだけでなく娘にも裏切られたような出来事だったし、打ちのめされた気分になったらしい。

その三年後にはドワイヨンから、新しいパートナーとの間にリリィという女児が誕生する、と電話で知らされたという。「こんなにひとを愛したことはない。もう二度と僕はこんな恋はしないだろう」と蜜月時にはジェーンの耳元で囁いていたひとが、また別の女性と同じことを繰り返している。

それを知ったジェーンは、すでに別れた相手とはいえ、おそらく心穏やかではなかったことだろう。

最後のアマン

一九九五年のことだった。ジェーンはサラエボ紛争の状況を視察する文化使節として現地を訪れた際に、やはりパリからきていた作家のオリヴィエ・ロランと知り合っている。旧ユーゴスラビアで勃発した戦場をパリの文化人にみてほしいために、影響力のある人たちが選ばれていた。前線に向かう装甲車のような車の中で、ふたりは親しくなったという。オリヴィエ・ロランは、パリではプロレタリア系の硬派の作家として知られていて、老舗出版社スイユ社で文学顧問をしていた。

二〇二三年十月末、『フィガロジャポン』のジェーン・バーキン特集号のために、以前から親しかったオリヴィエに、パリの左岸のブラスリーで、最後の愛人《アマン》だった彼に、ジェーンの話を聞くことになった。

だが知り合った当初のことは熱を込めて語っても、その後については言葉は少な目だった。別れてからもいい関係だったよ、と強調するだけで、それ以上多くは語らない。最後の愛人《アマン》としての、誇りもあったのかもしれない。

「彼女は驚くばかりに肝の据わったひとだったよ。砲弾が飛び交う前線に来ていて、爆音も聞こえたし、みんなが怖気づいているのに、ジェーンだけは普段と変わらずゆったりと構えていたので、僕はすっかり心を奪われてしまった。こんな素晴らしい女性がこの世にいるとは、想像もしなかった。見惚れていたな」。オリヴィエは、ジェーンと初めて出会ったときのことをそう述懐していた。そして「恋に落ちた瞬間の写真もあるんだよ」と言い出した。その写真は、翌日届いた彼からのメールに添付されていた。

「ジェーンには色々驚かされたよ。初対面の印象とあまりにも違っていて、そこが魅力だったな。最初は単にパリの軽薄な芸能人が来たとしか思わなかった。サラエボに入ってからだよ。前線から砲弾が聞こえてきて、みんなが震え上がっていたときに、彼女だけはびくともせず、余裕たっぷりだった。それをみて愛さずにはいられなかった。もっと驚いたのは、僕はほんの旅先の恋だと思っていたのに、パリに戻ってからも僕らの関係が続いたことだった。それから間もなく、ジェーンは僕が住んでいたオデオン通りの家の前に部屋を借りたが、その後、僕が勤めていた出版社スイユの隣の、ジャコブ通りに家をみつけると、そこに引っ越してきたんだ」その日オリヴィエと私は、サンジェルマン大通りに面したアール・ヌーヴォー様式のブラッスリー、ヴァジュナンドにいた。私たちは生牡蠣を一ダースずつ注文し、オリヴィエは時おり空っぽになった牡蠣を手にしたまま、どこか遠くを眺めている。

「それって、少し困らなかった？　出版社の同僚たちの前で有名人の恋人の家に出入りしていたの？」と、私はつい気になって聞いてしまう。

「僕がそれで困ったとでも？」

どうやら彼にとって、それはむしろ自慢の種だったようだった。

恋人が変わると引っ越しをする——それは、ジェーンのなかではまるで決まりごとのようだ。ドワイヨンとの熱愛でセルジュの家を飛び出したジェーンは恋人と右岸に移り住み、その恋が終わると、今度はまた戦地で会ったオリヴィエのために一九九五年に左岸に引っ越している。スイユ社に隣接したジャコブ通りに転居したが、そこはセルジュと暮らしたヴェルヌイユ通りから、目と鼻の先のところだった（セルジュは四年前の一九九一年にすでに他界していた）。

ブラッスリーで再会したオリヴィエは、今ではパリを離れてブルターニュの海辺の別荘でヨットを操ったり執筆をしたりしているので、滅多にパリには来ないと語っていた。その日は、一九九〇年代にパリ＝サラエボ協会を設立して、戦火のサラエボを支援していた代表者フランシス・ビュエブが亡くなり、パリで葬儀があったので、弔辞を述べるために久し振りに戻ってきたという。

「彼がいなかったら、僕らはサラエボに行っていなかったし、僕はジェーンとも出会っていなかった」少し感慨深そうにしていた。

それからジェーンの葬儀の話になった。

「僕に弔辞を頼んできたのはシャルロットだったよ。ジェーンの子供たちとは、僕はあまり交流はなかった。ケイトは別だが」

オリヴィエが「ケイト」と言ったので、私はとても意外な気がした。

「ケイトと親しかったの？」

「そうではない。ケイトにラテン語を教えてほしいとジェーンに頼まれたんだ」

「ラテン語？」

「単なる一般教養としてさ」

「どのくらい続いたの、ラテン語のレッスンは？」

「ほんの数か月だよ。ケイトは興味がもてなかったようだ」

そのとき喉まで出かかったことがあったが、彼には不快かもしれないので、言葉を飲み込んだ。

オリヴィエの弟で、やはり作家として活躍しているひととケイトが付き合っていたのを、彼は知っていたのだろうか。母娘が作家の兄弟と親しい、というのは、どこかロマネスクな関係だが、少し奇妙な気もする。

ケイトは母親に憧れるあまり、母の愛人で、ラテン語の個人レッスンをしてくれる作家の弟と、関係を持ったのだろうか。そんな風にも取れるし、または偶然弟と知り合っただけかもしれない。

「昨日、僕は遺書を書いたよ」と、オリヴィエが唐突に言い出した。

「パリにはピエ・タ・テール（仮住居）しかないし、ブルターニュの別荘とヨットくらいしか僕には遺すものがない。それを母校のエコール・ノルマル・シュペリウールに寄付することにしたよ。後輩の学生たちに使ってもらいたい」

彼の母校エコール・ノルマル・シュペリウールは、フランスの文科系では最高峰のエリート校と言われ、教育者を育てる高等師範学校だ。卒業生は「ノルマリアン」と呼ばれ、フランスでは社会的にも一目置かれている。

「僕のヨットの名はMALIN《マラン》という。ジェーンのことなんだ。狐のように狡猾、という意味だが、それは彼女がどんなときも諦めずに何かいい解決法をみつけるからだ。しっかり者と言ってもいい」

それを聞いて、実のところ少しばかり落胆した。私の知るジェーンは生涯をかけてあらゆる人に愛を与え続けていたし、それだけでなく女性としても、並外れて豊かな美意識をもった、いわゆる「ダンディー」だった。パリでもっともエレガントな英国人とも言われていた。しかし、子供のころから秀才コースで、現代の文豪ヴィクトル・ユーゴーを目指すオリヴィエからしてみれば、ジェーンは頭の回転が速い女性というイメージがまず浮かんだのだろう。親密だったからこそ許される愛情表現なのかもしれない。

考えてみると、私がジェーンと親密になったのは彼女の娘ケイトが亡くなってからだったような気がする。

当初は単に自宅に取材にやってくる有象無象のジャーナリストに過ぎなかったし、その後はケイトの仕事仲間になったが、彼女の死後はまるで私も娘を亡くした親のように、ジェーンとの距離が近くなったように思う。だが私は、狐のように策略をめぐらす彼女の顔はみたことがなかった。

それどころか、あるとき退院したばかりのジェーンに会いに、パリの植物園の近くのギィ・ドゥ・ラ・ブロス通りの家に行くと、退院直後なので自宅でも点滴台を引きずっていたにもかかわらず、私が東京から着いたばかりだったので、「眠くない？　時差は大丈夫？　お腹は空いてない？」などと言って、キッチンでスープを作ってくれたものだ。

また別のときは、他人を思いやるジェーンのありのままの姿をみたこともある。早朝、まだ人影もないサンジェルマン大通りで私がタクシーを待っていると、通りの向こう側にジェーンが現われて、地下鉄の排気口の上に寝そべっていたホームレスの老人と会話をしているのがみえた。老人の言葉がよく聞き取れないのか、ジェーンも路面に顔を近づけ、しゃがみ込んで、熱心に老人の話を聞いていた。

有名人は偽善的な行動をとると思われがちだが、早朝の無人の路上で誰にみられていなくとも、可哀想な人をみると放っておけないジェーンの性分は、紛れもない本物だった。どんなときも相手のこころに寄り添おうとするそんなジェーンをみてきたし、どうしてそこまでするのか、苛立つこともあったくらいだ。そんなジェーンをみてきた私には微塵にも狡猾なイメージはなかった。

パリ5区の植物園に近いジェーンの自宅で［2017年1月］
photo par K. Murakami

フレンチ・ブルドッグの愛犬ドリィとジェーン
photo par K. Murakami

パリに着くと私は大抵いつもジェーンに電話をしていたが、あるとき、「今、救急車の中なの。また後で」と言うので、あわてて電話を切ったことがある。

翌日ニュースをみると、ノルマンディー地方のオルヌで、ジェーン・バーキンは急に体調を崩し、緊急入院をしたと知った。そのためにミシェル・ピコリとの朗読会を中止した、と彼女から後で聞いた。それは二〇一四年末の、ちょうどケイトの一周忌のころだった。何も知らずに電話をかけた私もいけなかったが、救急車の中で携帯電話に応答するなんて、思いもよらないことだった。

二〇〇五年には私もパリを離れて帰国していたし、それからはジェーンに会う機会も、訪日のときかパリに行ったときだけに限られていた。話題は、大抵いつも病気にまつわることが多かったような気がする。病院のことや家族の話が多く、私が取材をするときは別だが、自分から過去の話をすることはあまりなかった。

白血病に始まり、抗がん剤治療も受けていた。二〇二一年には脳卒中で倒れたし、おそらく想像を絶する苦痛の続く時期があったと思う。だが、彼女は病院の話はしても、辛いなどといった泣き言は一切言わなかった。

あるとき、病院から抜け出してきた、と言うので、よく聞いてみると彼女なりの理由で退院を早めてもらったのだという。

「まだ入院していなければいけなかったんだけど、わたしドクターにこう言ったの。わたしにとって最高の治療法は、自宅に帰って庭の薔薇の花をみることなのです。そろそろ咲き始めるころだから、って」

「それで早めに退院したの?」

「そうよ。人それぞれ個人差があるから。治療法だって、千差万別だと思う。だって無味乾燥な灰色の病棟を一日中眺めているより、ここにいるとずっと気分がよくなるの。ほら、薔薇のつぼみもみえるでしょう?」

どこか現実離れしたジェーンとの会話はチェーホフの戯曲みたいだったが、今は無性にそれが懐かしい。

最期の五日間

オリヴィエ・ロランに会った翌日、もうひとりジェーンをよく知る婦人に会った。

「この肘掛け椅子に、ジェーンは亡くなる二日前に腰掛けていましたよ」

左岸のアンティック店ミシェル・アラゴンのオーナーをつとめるマダムは、私にそう語りかけた。店の隣の路地を入ったジャコブ通り一九番地は、ジェーンが長年住んでいた場所だった。最初にその家を訪れたとき、彼女の家の表札に「夢見がちな犬」と「変わった猫」と書かれていて、それはフレンチ・ブルドッグの犬とマーマレード色の猫のことだったのを思い出す。

「ジェーンから携帯に電話がかかってきたのです。七月に彼女が亡くなった週の水曜日でしたよ。公には日曜の朝死亡、となってるけど、本当は土曜の夜だと聞いてます。サル・ペトリエール病院に三か月入院して、やっと退院したところだと彼女は言っていた。久しぶりに会わない？と言うので、次の日の夕方五時に、店を閉めてからアサス通りの彼女の家に行くと約束したのです。私の自宅もすぐ近くなので」

今もまだ色香の漂う波打つブロンド髪をしたマダムは、ジェーンと同世代らしく、彼女とはシャルロットを懐妊中からの知り合いだという。六〇年代末に流行りのクラブ「キャステル」で、よくジェーンとゲンズブールをみかけて、自宅がすぐ近くだったことから親しくなったのだそうだ。

「あの日は、私も夫を亡くしたばかりだったし、ジェーンも私の夫をよく知っていたから、ふたりで彼の思い出話ばかりしてましたよ。ジェーンは部屋着のままでした」

マダムの店に客が入ってきたので話は一時中断されたものの、奥の店番用の椅子に再び腰掛けてマダムは話し出す。

「ジェーンはとても寂しそうでしたよ。あの日、木曜日は夜九時くらいまで話し込んでしまいました。病院で知り合ったふたりの看護師さんを連れて近いうちにブルターニュに行くから、あなたも来ない？　と誘われたのです」

だったら少しよくなっていたのですね？　と聞くと、「そうみえましたね」とマダムは言う。

「だって九月のオランピア劇場には出るつもりだと言うし、ふらついて歩くのをみられたくないから舞台ではライトは上半身にだけ当ててもらおうかしらと言うので、私こう言ってやったのです。ジェーン、あなたがふらついていようと、車椅子でいようと、どんな格好でいても、みんなはあなたを愛しているのよ、って」

彼女は少しのあいだ沈黙した。

「ラ・トゥール通りの家のキッチンと食堂の内装は、私も手伝いました。彼女は、ほとんど家具を持ってきていなかったのです」

ラ・トゥール通りの家とは、以前ドワイヨンと住んでいた家のことだ。そういえばジェーンのキッチンにもあった赤と白の碁盤の布巾や、英国スタイルや民芸風の食器類などが、その店にも飾られている。どれもマダムの店から来たもののようだ。ふたりの娘を連れてセルジュの家を飛び出して、当時の恋人ドワイヨンのためにラ・トゥール通りに住み着いたジェーンは、おそらく最低限の身の回り品しか持って出なかったのだろう。

「木曜日に会ったときに、別れ際にジェーンが言ったのです。明日、孫娘のジョーの誕生日プレゼントを買いにいくから一緒に来てくれない？　と。もちろん、翌日の約束をしました」

すると次の日の七月十四日――フランス革命を記念する「巴里祭《キャトーズ・ジュイエ》」の日――ジェーンは、長年彼女の家で働いていたネリィと、タクシーでやってきたという。そしてマダムも一緒に、誕生祝いを買うために、すぐ近くのフュルスタンベール広場の店まで歩いていったそうだ。

「帰りのタクシーは店から呼ぼうということになり、いったんまたここに戻ってきたけど、ジェーンはぐったり疲れていて、ほら、あなたの前のその肘掛け椅子、そこにタクシーが来るまで座っていたのです」

肘掛けの部分だけ木になったそのゴブラン織の椅子は、中世風のクラシカルなものだった。

「タクシーが来たので、私が腕をとって立ち上がるのを手伝ったけど、そのときみえたのです。無数の注射の痕が残っていて、赤黒く腫れ上がった腕が。とても痛々しかったのを覚えています」

そう言うとマダムは少し唇を開いたまま、そのときの思いが込み上げてきたように、唇を嚙《か》んでいた。

長居をしたせいで店の閉店時間が遅れたのに気づいた私は、マダムに詫び、ジェーンが座っていたという椅子に軽く触れてから、ジャコブ通りのミシェル・アラゴンを後にした。

シャルロットとマルローのプレゼントがまだみつかっていなかったジェーンは、その後、サントノレ街のエルメスに向かったようだ。ジェーンを売り場で見かけた人がいた、とエルメスの広報の人から聞いた。「バーキン」を冠した最高級品バッグを扱う老舗エルメスで、ジェーンが亡くなる二日前に（もしかしたら死の前日に）家族のプレゼントを買っていたという光景は、まるで映画のシナリオのようだが、それがジェーンの生涯の最終幕だったことを知る。

あなたは家族のために命を削ってまで誕生日プレゼントを買いにいき、ファンのためにもう一度舞台に立とうとして注射針で赤黒く腫れ上がった腕をしながら果敢に闘病していたのね……だったらジェーン、あなたは一体いつ自分のことを考えるつもりだったの？

パリ滞在中にサンジェルマンの日本料理店・円に行くと、現オーナーの桜井克樹さんから、ジェーンが日本料理店・円の常連客になってくれたのもあなたのおかげですと礼を言われる。たしか最初に私がケイトに教え、ケイトが母親を連れてくるようになったのだと思う。私が教えなくても、きっとジェーンは自分でみつけたに違いない。なにしろ、日本料理には目がないひとだった。手打ち蕎麦が食べられる、という店はヨーロッパ初だと喜んでいた。二〇年来の仲の桜井さんと昔話をしていると、ふいに「ジェーンさんは亡くなる五日前に、ここに来られました。まさにカスミコさんのおられるその席に」と言い出した。

そしてレジのほうへ行くと、一枚の小さな紙切れを持って戻ってきた。「これです」――それは、当日の注文書だった。

入店　七月十一日八時二十六分
人数　三名
テーブル　一番
品名
天ぷら盛り合わせ　二
穴子寿司　一
鉄火巻き　一
ぬた和え　一
玄米茶　三
餅菓子　一

三名というのは、シャルロットの娘でジェーンの孫娘のアリスとその友達とで、夕食に来ていたようだ。

ジェーンの大好物の雲丹《うに》は注文されていなかった。痣《あざ》ができるほど注射を打たれていたジェーンには、もはや味覚を堪能する余裕はなかったのだろう。

テーブルに置かれたその白い紙切れを、少しのあいだ私は黙って眺めていた。

すると桜井さんが、ふいに「この店をジェーンさんに愛してもらい、本当に僕はしあわせでした」と声を詰まらせてつぶやいた。

うつむいていた桜井さんが顔を上げると、その両眼は兎の眼のように真っ赤だった。

長女　ケイト・バリー

大きく呼吸をして、電話を握りしめた。嘘であってほしかった。そんなはずがない。

「だからさ、彼女はもう生きていく意欲がなくなったのさ」フランスからの電話の相手は心配になったのか、「アロー、アロー」としきりに私にそう呼びかける。

「大丈夫、聞こえてる」そういうのが精一杯だった。まるで声帯が閉ざされてしまったように、言葉が出てこないのだ。

「うんざりだよ。もうパリには住んでいられない。海外へ行く。本当さ」上ずった彼の声は、途中で裏返っていた。

パリにいたころ一緒に仕事をしていた、ジェーン・バーキンの娘で写真家ケイト・バリーのアシスタントからの電話だった。ブリュノとはスタジオで顔を合わせたくらいでさほど親しくはなかったので彼だとわかって少し意外だったが、以前ケイトが来日したとき、東京での連絡先として私の電話番号を教えていたのだという。

国際電話で、いきなり昨夜ケイトが息を引き取った、と言われても、どう判断したらいいかわからない。まちがい電話ではないか。にわかには信じられない気持だ。なにがあったのだろう。

事件がどういう状況で起きたのか詳しく聞きたかったのに、パリはうんざりだと言っていたが、どうしてなこちらの言うことはろくに聞いていなかった。パリはうんざりだと言っていたが、どうしてなのかわからない。他人に冷たい都市という意味なのか、またはケイトのアシスタントとして、四六時中行動をともにしていたので、思い出の場所がパリのそこかしこにあるのがつらいのか。たぶん後者ではないかと思う。パリを離れるよ、と強い口調できっぱりと言うと彼は乱暴に電話を切った。

それほど夜遅い時間ではなかった。それなのにあの日私はすでにベッドに入っていた。明かりは点けたままだし、乱れたシーツの皺の間には、読みかけの文庫本が放り出されている。深く寝入っていたわけではないので、マナーモードの振動で目が覚めたのだ。瞼の内側から熱い涙があふれてきたのは、携帯を閉じて少し経ってからだった。洗ったばかりのシーツからは、洗剤の匂いがしている。そのシーツを被って、それからしばらく、静かに泣いた。

どうしても眠れないので起き上がって、ダイニングへ行く。食卓でPCを開きたかったからだ。白いテーブルの向こう側のフィリップ・スタルクの椅子には、二年前にケイトが座っていた。そのときの記憶が脳裏を過ぎる。すると何の変哲もないその白いテーブルが、ふいにとても特別な、愛しいものにみえてくる。

東京に来たケイトを乃木坂の自宅に招いて、しゃぶしゃぶをした。猫舌のケイトは、頰をふくらませて、ふうふう言って薄い肉片を口に流しこんでいた。いつものように、あの日も私たちはよく笑った。笑いすぎて、椅子から落ちそうになった私をみて、ケイトがまた笑う。

PCを開いて、フランス語版のグーグルのオンライン・ニュースをさがす。無機質なニュースが何本も並んでいるなかで、さがしていた記事はすぐにみつかった。

「ジェーン・バーキンの娘、フォトグラファーのケイト・バリー死去」という『ル・モンド』のタイトルが目に飛びこんでくる。

フランス国民みんなに愛されているジェーン・バーキン・ファミリーの長女ケイト・バリーが、転居したばかりの十六区のアパルトマンの窓から落下、絶命した。彼女の父親ジョン・バリーは英国人の作曲家で、『007／ロシアより愛をこめて』『ドクター・ノオ』などジェームズ・ボンドのシリーズを手がけ、『愛と哀しみの果て』ではアカデミー音楽賞を受賞した世界的映画音楽家だった。

他のサイトの記事もさがして読むうちに、事件の全貌がみえてきた。

二〇一三年十二月十一日、パリ十六区クロード・シャユ通り五番地にあるアパルトマンの四階（日本式には五階）の窓から投身したと思われる、ジェーン・バーキンの長女で、ファッション・フォトグラファー、ケイト・バリー四十六歳は、救急車、消防車、パトカーがほぼ同時に現場に到着したときには、すでに息絶えていて、おそらく即死だったと推定される。十八時三十分に同じ建物に住む少年が、「ドスン」という鈍い音がしたので窓にかけ寄り、中庭で腕を曲げた女性が倒れているのを発見したという。自殺だと断定はできないが、そのように推測されると書かれていた。

そうした記事が、すでにあちこちのサイトに出ていて、残された者には、動かしがたい過酷な現実がそこにあった。夜が白むまで、そのままテーブルを前に座っていたような気がする。なにかを口に流し込んだようだが、それがなんだったかも思い出せない。

ひととの繋がりというのは、まるでガラスの橋のようにもろいものだ。一歩踏み出してみて大丈夫だからといって、うっかり気を抜くとひび割れがして、音もなく崩れ落ちてしまう。気がついたときにはもう手遅れで、かけがえのない存在を失ってしまうのだ。

事故を知らせてくれた電話の数日後、ようやく私もその衝撃から立ちなおり、現実に目を向けるようになった。

最初に頭に浮かんだのは、ケイトの恋人で、映画制作会社の仕事をしているウリィのことだった。彼はどうしているだろう。携帯に電話をしようとしたが、結局思いとどまる。六年前からの恋人が、突然異常な状況下で亡くなったのだ。穏やかな性格のウリィにしても、きっと今はそっとしておいてほしいにちがいない。

ケイトとウリィに最後に会ったのは、その年の春、八か月前のことだった。京都でのケイト・バリー写真展にふたりでやってきて、しあわせそうにしていた姿が脳裏に浮かぶ。ふたりが帰国する最後の夜は高瀬川沿いの店に食事に行き、ケイトはウリィの肩に頭を乗せて、甘えていたものだ。事故当日、彼はどこにいたのだろうか。どうしてケイトはウリィと暮らしていたレピュブリック広場に近いアパルトマンを出て、ひとりで十六区に引っ越したのだろう。それにあの秋田犬と三匹の猫と鸚鵡《おうむ》はどうしているのか。

彼に訊きたいことは一杯あったが、やはり電話は思いとどまった。

ケイトの息子のロマンもまだ十六歳、母子家庭で育ってきた彼にとって、母親はかけがえのない存在だった。問題ばかり起こしていたが、ケイトはいつも息子が立ち直るようにかばい続け、傍でみているとけ甘やかしすぎると思ったくらいだ。彼はこれからどうやって生きていくのだろうか。おそらく祖母のジェーンに頼ることになるのだろう。

ケイトと親しい者なら、いつも彼女が精神安定剤を持ち歩いていたことを知っていたし、自宅でそれがみつかったとしても、すぐに自死に結びつけるというのはどうだろうか。テラスにいたのなら誤って足を踏み外して落下することがあるかもしれないが、窓から落ちるというのは、なにか尋常でない状況としか思えない。なにがあったのだろうか。四日前に転居してきたばかりなので、窓枠に鉢植えを吊ろうとして誤って落ちたのではないか。色々想像してみても、皆目見当もつかない。鍵は内側から施錠されていたというし、いつもはめている指輪は、外して家具の上に置かれていたという。それが自殺を暗示しているのだろうか。

ジェーンには、お悔やみのメールを送ることにした。母親より先に逝ってしまった長女の不慮の死に、きっと打ちのめされているに違いない。もし娘が自ら死を選んでいたとしたら、どうしてそれほどの悩みを、母親として気づいてやれなかったのか、悔やまれてならないだろう。

その時期はジェーン自身、慢性内臓疾患で入退院を繰り返していたし、危篤と言われたこともある。そんな彼女の病状を家族のなかでだれよりも心配して、看病していたのがケイトだった。退院した日は母親に付き添って自宅まで行き、そのまま同じベッドで眠ったと言っていた。

「なにしろママンはあの通り個性的なので、自分なりの信念を持っていて、それを支柱として生きているので、医者の反対を押し切って退院してしまうこともあるの」とケイトはこぼしていた。「患者だって人間だから人それぞれよ。注射を何本も打って回復する人もいれば、わたしのように自宅に戻ると気分がよくなる者もいるの」——そう言うのよ」。

母親のわがままに、ケイトは少し手を焼いていたようだった。

事故の夜はアルバム《アラベスク》のコンサートのため、ジェーンはパリから四〇〇キロ離れた地方都市ブザンソンにいた。コンサートの開幕直前にケイト・バリーの訃報が会場に飛び込んだが、プロデューサーはコンサートが終わってから伝えたほうがいいと考え、ジェーンの次女シャルロット・ゲンズブールや三女ルー・ドワイヨンと相談して、夜九時過ぎまで彼女に知らせないことにしたそうだ。

舞台の後、ジェーンはパリで起きた悲惨な事故について聞かされると、予定されていた三つの地方都市のコンサートを即座に中止して、パリに戻っている。「ひどいのよ。コンサートが終わってから、ケイトの死を知らされたの。だから私はなにも知らずに舞台に立っていたし、ケイトが地面に叩きつけられたその瞬間も、寄り添ってあげられず、コンサート会場で歌っていた。何よりも、私にはそれが一番つらかった」数か月後に私がパリに墓参りにいったときに、ジェーンはそう語った。

ケイトの葬儀はパリ右岸のサントノレ通りにあるバロック様式のサン・ロック教会で行なわれた。文化人や芸能人が好む、その教会前に私は長年住んでいて、ケイトは何度も遊びに来ていたものだ。あるときケイトが撮影のあとでやってきて、サロンのテーブルに彼女の撮った写真を広げていた。そして私がキッチンでパスタを作っているあいだ、猫の銀次とあそんでいた。そのときふいに教会の鐘がなり出したので、私が「また今日もお葬式かな」と言うと、彼女は銀次を抱きかかえたままバルコニーに立って眼下の光景をじっと見下ろしていた。するとふいに周囲が静かになり、少年合唱隊が扉のちかくで聖歌を歌いはじめ、堂内の暗がりから棺をか

Jane Birkin
ARABESQUE
ALBUM JACKET

L'adieu émouvant à la photographe Kate Barry
PARIS MATCH

ついだ黒服の男たちが現われて、階段をゆるゆると降りはじめる。ケイトのかたわらで、私も少しのあいだ黙って葬列を眺めていた。まさかその同じ教会でケイトの葬儀が行なわれるとは思ってもいなかった。

ケイトの葬儀の日の写真をネットでみてみると、サン・ロック教会のファサード前の階段を、カトリーヌ・ドヌーヴが両腕に何か大きな白い供物を抱えて上がっていく姿や、うつむいたまま教会の扉の前で茫然と立っているカーラ・ブルーニ（サルコジ前大統領夫人）の写真もある。女優のイザベル・ユペールやイザベラ・ロッセリーニ、映画監督アニエス・ヴァルダの顔もあった。ケイトの妹シャルロット・ゲンズブールはルイ・ヴィトンのデザイナー、ニコラ・ゲスキエールと抱きあって、耳元で何か語りかけている。うちひしがれた様子の末妹ルー・ドワイヨンも階段の脇にいた。ケイト・バリーの恋人ウリィは、ケイトの息子ロマンの肩を抱き寄せていた。ロマンもウリィの背中に手をまわし、彼の上着をぎゅっと握りしめている。

憔悴し切ったジェーンは、路上でただ雲の流れをみつめていた。

黒い人波が階段を埋め尽くしている。たったひとりで命をたってしまったケイトの葬儀には、多勢のひとたちが駆けつけていた。動物をこよなく愛し、名もない植物も宝物のように大切にしていたケイト、どこか過激なものも内面に秘めていて、そうした相反する性格をもっていた彼女は、著名人たちというよりも、無名の巷《ちまた》の人たちが好きだった。よく近所の人たちと、近くのカフェに行って、夜更けまでおしゃべりをしていたものだ。

そんなケイトはひとりで悩んでいたのに、私たちは対岸にいて、それを眺めていただけだった。わき上がってくるのは、哀しみというより、どこか憤りに近い感情だった。

ジェーン・バーキンやケイトと知り合ったのは、私がパリで日本の雑誌社の支局を任されていた時期だった。一九八四年末、東京でフランス文学の翻訳をしていた私に、雑誌『クロワッサン』でエッセーを書いたとき知り合った出版社から唐突な依頼があった。今度パリ支局長が辞めることになり、至急パリに行ってくれる人を探している。フランス語ができるあなたが行ってくれないか、というのだ。

そのころアンリ・トロワイヤの『チェーホフ伝』の翻訳を手がけていたが、それはパリでも続けていける。パリに住めば、作家に出会ったり、新しい小説をみつけたりすることもできる。それに当時娘もパリに住んでいたし、一年でいい、というのも相当魅力的だった。そうなると断る理由はなにもないような気がした。こうして一九八五年初頭、私はパリに旅立った。滞在は一年だと思っていたので荷物も少なく、そのかわり猫の「サド侯爵」の入ったケージをさげていた。

灰色に包まれた冬のパリは厳しく、とりわけその年はセーヌ川も凍るほどで、東京ではやんちゃだった「サド侯爵」も、さすが旅の疲れと寒さでげっそりしていた。

それまで何度もパリに行ったことがあったし、少しの間住んでいたとしても、仕事をするのは初めてだったので、当初はとまどうことばかりだった。孤立無援であったなら、たちまち音を上げたかもしれない。だが私の前任者と仕事をしていた日本人の女性秘書クミコさんにそのままいてもらうことになり、彼女にはずいぶん助けられた。細っそりした長身でボブの髪型がよくにあうクミコさんは、めったに自分のことは語らなかったし、双子の娘たちの母親だということ以外はなにも知らなかった。いつも微笑んでいたが、もしかしたらその目の奥では、東京からやってきた無知な新任が連日仕事に振り回されて右往左往している様子を、面白がってみていたのかもしれない。あとで聞いたことだが、彼女はフランス映画界ではカルト的名画とされている

The origin of the Birkin bag
CBS Sunday Morning

『ラ・ジュテ』の監督クリス・マルケルが撮った『不思議なクミコ』の主人公を演じた女優だったという。それだけでなく、ジョン・フランケンハイマーの『グランプリ』という映画に、イヴ・モンタンや三船敏郎と共演していた。双子の娘さんの名前をつけるとき、ペール・ラシェーズ墓地に行き、墓標のなかから名前を選んだ、というユニークなエピソードが妙に記憶にのこっている。

私たちのオフィスは雑誌『エル』と同じフロアにあったので、東京からどんな問い合わせがきても、すぐに『エル』の担当編集者から教えてもらい、パリ最新情報を伝えることができた。赴任当初、東京からの取材依頼がもっとも多かったのが、ジェーン・バーキンだった。女性誌の編集部は何かにつけて彼女の意見を聞きたがるので、そのたびに取材を申し込み、ポートレートを撮影していた。彼女の名前にちなんだ世界最高の高級バッグ「バーキン」が前年にエルメスで売り出されたばかりだったので、私たちの雑誌ではジェーン・バーキンはもっとも旬な取材対象だったのだ。

世界中の女性がいつかは手に入れたいと憧れるバッグ「バーキン」が誕生したのは、ジェーンが高級老舗ブランド、エルメスの社長だったジャン＝ルイ・デュマと、ロンドン－パリ間の機内で知り合ったことに端を発している。一九八一年のことだ。そのころ、新たなパートナーとなった映画監督ジャック・ドワイヨンとのあいだに産まれてくる赤ちゃんのために必要なものを入れて持ち歩けるバッグを探していた。エレガントで収納も充分にできるバッグがなかなかみつからないというジェーンの悩みに、それではエルメスでつくりましょう、デュマ社長がそう言ったと聞いている。

こうして生まれたバッグ「バーキン」は、やわらかい皮革を使っているため、ジェーンの希望どおりに収納も優れていて、一九八四年にエルメスから販売されると、たちまち世界の働く女性たちをとりこにしてしまう。

それまでは、ヨーロッパのエレガンスの象徴と言われていたモナコ王妃グレース・ケリーの名前を冠した「ケリー」バッグがエルメスの最高級バッグだった。「ケリー」は硬質でクラシックなイメージだが、「バーキン」は「ケリー」と同じくらいの値段でも、ずっと軽く、モダンにみえる。そのせいか若い女性たちの心を摑み、憧れの高級バッグとなっていった。特に米国には熱狂的なコレクターが多く、二〇一一年東日本大震災のさいには、ジェーンは自身で使用していた「バーキン」を米国のｅＢａｙのオークションに出品、約一三〇〇万円（一六万三〇〇〇ドル）という法外な値段で落札され、その売り上げを日本赤十字を通して被災地に寄付している。

私がジェーン・バーキンと初めて会った一九八五年当時、彼女はすでにセルジュ・ゲンズブールとは別れて、映画監督ジャック・ドワイヨンと暮らしていた。セルジュと別れる決心をして、左岸のヴェルヌイユ通りにあった家を出たのは、ジェーンが三十四歳のときで、私が会ったのはその五年後だった。ジェーンより二歳年上のドワイヨンは、当時映画の編集に携わっていた女性ノエル・ボワソンとすでに家庭を築いていたし、ふたりの間には五歳になる娘ローラ・ドワイヨン（現在は『スパニッシュ・アパートメント』で知られる映画監督セドリック・クラピッシュの妻）が生まれていた。ドワイヨンはその家庭を放棄したわけではなかったので、ジェーンとの関係はあまり公にしたくなかったようだ。そのせいか、ふたりが住んでいた家も、どこか隠れ家のような雰囲気があった。ラ・トゥール通りは、パリ右岸の高級住宅地十六区の中枢にナイフで刻んだように細長く東西に伸びた通りで、ひっそりした住宅地の一画にあった。今のパリの富裕層は左岸を好み、七区のバック通りあたりに住んでいるようだが、一九八五年当時の十六区はまだ昔ながらの、プルースト風の旧家のブルジョワ階級の令嬢たちが、今にも扉を開けて出てきそうな風情をかろうじて残していた界隈だった。バブル期にオイルマネーによって潤ったアラブ系の投資家たちが、十六区の豪華不動産を買い漁ったため、新興勢力を極端に嫌うフランスのエリートたちは、十六区から左岸に移ったのだ。

通りから少し路地を入ったところに、前庭には薔薇の花が咲き、どことなく避暑地の別荘風のエレガントな館が建っていて、そこがジェーン・バーキンとジャック・ドワイヨンとの愛の隠れ家だった。初めて取材に行ったところ、ふたりの間には三歳になる娘ルー・ドワイヨンがいる、と雑誌に報じられていた。玄関の近くにブランコが掛かっていて、私たちが入っていくとまだ少し揺れているようだった。ルーが先刻まで遊んでいたのかもしれない。二階のカーテンも揺れていて、ルーがこっそりどんな客が来たのか窓から品定めをしているのではないか、そんな気がしたものだ。

何度か呼び鈴を押すと、やっとなかからすうっとドアが開き、目前にテレビや雑誌で見慣れたジェーンが無言で立っていた。

「今日だったのね」

念を押すようにそう言われ、こちらはなかに入っていいかどうか、迷っていると、「来て、来て」とあの囁くような声で言ってくれた。おそらくあの当時は連日、国内だけでなく、海外からもジャーナリストが押し寄せてきて、うんざりしていたことだろう。

先輩のジャーナリストに言われた言葉をふと思い出す。「私たちはね、いわば蝿みたいなものよ。美味しいものがあると飛んでいってたかるから」ジェーンの目にはまた今日も蝿がきた、と映っていたに違いない。

「わたしのキッチンをみたいのね」

自己紹介もそこそこに、ジェーンが少しトーンダウンした声でそういうので、こちらはますます恐縮してしまう。最近みた映画はなに、とか読んだ本は？ といった質問なら彼女も喜んでくれたかもしれないのに、日本の雑誌が取材にやってきて、キッチンをみたいというのだから失望して当然とも言える。

「キッチンは向こうなの」

説明されなくても、その広々とした居間の向こうに冷蔵庫やシンクのあるキッチンがみえている。だが、その趣味のいいアンティックの家具の置かれた部屋には、あまりにもおびただしい数のものであふれていて、入った途端その光景に圧倒されてしまった。同行のカメラマンも驚いている。

散らかっているわけではない。それとはまたちがっていた。食卓の上には、ジャムの壜や紅茶の缶、リボンや紐、スプーンなどが、まるでレイアウトしたように何気なく乱雑に置かれていて、それがあまりにも見事な構図なので、見惚れてしまう（二〇〇四年六月六日に亡くなったジェーンの母親で女優のジュディ・キャンベルの遺灰は、ジェーンによると、身近にいてもらいたいから、キッチンのジャムの瓶の中に入れている、と本人から聞いたことがある）。

どうにかそのキッチンの取材を終えて、撮影機材を片づけて帰ろうとしていると、勢いよくドアがあいて、ジーンズをはいた長身の男性が入ってきた。ドワイヨン監督は、思ったより若々しくみえ、それになかなかの美男子だった。ジェーンは彼が入ってきても、まるで気にしていない。

「日本の雑誌だって？」

「はい」

「どんなの?」

「これです」

彼はぱらぱらとそれをめくると、すぐにそれをテーブルの上に放り出す。

「うちの会社には、もっとローティーン向けの雑誌もあります」と言うと、「それをみたいな」、彼はにやりとしてそう言った。その雑誌『オリーブ』を送ると約束したような気もするが、実際には送らなかった。

ともかくジェーンの家での初めての取材は、あまり歓迎されなかった印象が強く、こちらも早く切り上げたい、とそればかり考えていたような気がする。当時は、他のセレブリティー——フランソワーズ・サガンやキャロル・ブーケ——の取材なども入っており、結構忙しくしていた。そんな時期にフォトグラファーとして長女のケイト・バリーを私に紹介してくれたのが、母親のジェーン・バーキンだった。あるとき、「カメラマンがまだみつからないの? うちの娘のケイトはどう?」と言い出した。

ジェーンがせっかく取材の時間をとってくれたのに、こちらがカメラマンを探すのに手間取っていると、電話で娘をカメラマンとして提案してきた。九〇年代後半のことだ。

それまでジェーンの娘がプロのカメラマンだと聞いたことがなかったので、こちらも用心して、どんな写真を撮るのかと聞いてみた。仕事柄、有名人の気まぐれには慣れていたが、それまで実の娘を写真家として推薦してきたセレブはいなかったからだ。

「直接娘から連絡させるから、彼女の写真をみてくれる?」

ジェーン・バーキンにそう言われて、頭ごなしに「ノン」と拒絶できる人はいないと思う。私も「ウイ」と言っていた。「もちろんよ。ジェーン」と。

ある朝すらりとした長身で、波打つ前髪で片目が隠れた若い女性が、事務所のドアをそっとあけていた。顔半分をのぞかせてから入ってきたジーンズ姿のそのシルエットをみて、すぐにジェーン・バーキンの娘だとわかった。着ているものは、母親とまったく同じだし、短いウエスタンブーツをはいて、髪型も母親と同じようにカールした髪をそのまま肩におろしている。

「ボンジュール」ゆっくりと入ってきたその女性は、ブックと言われる、写真の入った黒い大きなスクラップ・ブックを、両腕で大事そうにかかえていた。

「どうぞ」彼女がいつまでも立ったままなので、椅子をすすめる。

「メルシー」少し戸惑っている様子だ。

新聞社というのはどこも殺風景で雑然としている。私のいた新聞社フィガロもそうだった。最初に赴任した『エル・ジャポン』のパリ事務所がバブル崩壊で閉鎖になり、帰国しようとしていた矢先に、日本の別の出版社から声がかかった。新たに仕事をすることになった雑誌『フィガロジャポン』の編集部は、フランス最大の新聞を発行するフィガロ社のなかにあったのだ。彼女はあまりそうした場所には慣れていないらしかった。

早速ブックの写真をみせてもらったが、そこには人物写真はほとんどなく、風景やオブジェのモノクローム写真が大半だった。それだけで仕事を任せるには、判断資料が足りなかったが、だからといってジェーンの推薦をことわるのはむずかしい。それに、実の娘が母親を撮影したとなれば、その写真にも付加価値がつく可能性もある。そんな考えもちらついた。そこでこの新人写真家に賭けてみることにした。それが、ケイト・バリーにとってプロフェッショナルとしての最初の仕事だった、とのちに彼女の略歴をみて知ることになった。

ケイトが並外れて繊細な神経の持ち主だと知ったのは、携帯電話を使うようになってからだった。まだそれほど普及していないころだったが、彼女が携帯を使うときは、まず近くの物陰をさがしてそこにしゃがむと、声がもれないように口元に手を当て、ひそひそと話す。初対面からデリケートなひとだと思ったが、実際に付き合ってみて、ますますその思いを深めるようになった。人前で食事をするのも苦手らしく、いつも撮影が終わってからひとりで食べていた。ところがいったん親しくなるとそうした壁は取り払われ、私たちはマジェンタ大通りのイタリア料理店ダ・ミーモによく行き、アンティパストやニョッキを食べたものだった。

撮影テクニックもいかにも彼女らしく、強烈な照明よりはできるだけ柔らかい自然光を好み、スタジオで聴く音楽も、サティのピアノ曲やヴェルディのオペラ、またはデヴィッド・ボウイといった具合に、撮影中もかなりエキセントリックな雰囲気だった。ところがそれも最初の数年だけで、そのうちスタジオからケイト選曲の音楽はきかれなくなり、スタジオが流す曲を聴くようになった。いつの間にかケイトが、そうしたことに神経を尖らせなくなっていた。

家族というのは、もたれかかれる樹木のような支えになるのが理想だけど、ケイトの場合、子供のころから色々な体験をして何度もその支えが変わっている。母親のパートナーが変わるたびに環境も変化する。実父である世界的映画音楽家のジョン・バリーとジェーンは、ケイトが赤ん坊のころ離別した。その後フランスの音楽プロデューサーのセルジュ・ゲンズブールや、映画監督のジャック・ドワイヨンといった天才たちを「父親」として、一緒に暮らしていた。純粋培養のアーティストを育てるには理想の環境だったかもしれないが、そうした鋭い芸術的感性が、時には自分に向かう厳しい刃になることもあったのではないだろうか。

ケイトの場合、アーティスト気質だけでなく、同時に社会的通念や現実社会とも折り合いをつけようとする一面もあったので、おそらく彼女自身のなかでは葛藤が生まれていたにちがいない。それは彼女と芸能人一家に生まれたのに、ケイトだけどうして芸能界に入らなかったのだろう。知り合ってからずっと疑問に思っていた。妹のシャルロット・ゲンズブールは、十三歳のころにカトリーヌ・ドヌーヴの娘役で映画界入りを果たした。父親セルジュ・ゲンズブールは、〈レモン・アンセスト〉という曲を彼女のために作曲して、同名の映画も撮っている。日本でも公開された『なまいきシャルロット』では、フランスのアカデミー賞と言われるセザール賞の最優秀若手女優賞を受賞し、その当時からすでに国際的女優として活躍していた。末妹ルー・ドワイヨンも、歌手、女優、モデルとして脚光を浴びている。

その気になれば、ケイトだって、スタイルは母親譲りでモデル並みのプロポーションだし、レンズの後ろに隠れるというより被写体にこそふさわしい。裏方に回ったのも、性格がシャイだからかもしれないが、それだけではないような気もする。

あるとき、その謎が解けたように思える出来事があった。

ふたりでパリ市庁舎前広場の人混みのなかを歩いていたとき、背後から追いかけてきた若い男性に「あなたはジェーン・バーキンの家族ですよね。絶対そうだ。びっくりするほどそっくりだな」と言われたことがある。ケイトは笑って聞き流していたが、実はその後も何度かそんなことがあった。

容貌だけでなく、格好も似ているのだ。母親と同じように彼女もジーンズにTシャツだし、その仕草まで似ている。ロンドンでは、通りすがりの人に、「あなたはあのバッグ（エルメスのバーキン）の娘さん？」と言われたとケイトが苦笑していたこともある。

Jane Birkin
Cigarettes
OH! PARDON TU DORMAIS...

ケイトが芸能界入りを躊躇したのは、母親に似過ぎていたからではないか。母親への憧れは強く、似ていることをむしろ誇示していたようにもみえたが、彼女は華やかな脚光を浴びる世界よりも、むしろその影の部分が自分の居場所だと決めつけてしまっていたのではないか。

ケイトは母親と同じように二十歳で息子ロマンを出産している。子供の父親との関係も長続きせず、出産の直後に別れている。不思議なくらい、母親と同じ人生を歩んでいるのだ。息子ロマンの父親はジャーナリストだったそうだが、ケイトと別れて数年後に亡くなったと聞く。

もともと自分は写真家志望ではなかった、とケイトは言っていた。子供のころ興味があったのは、母親のクロゼットにかかっていたサンローランのドレスだった。それを着て夜外出する母親をうっとり見惚れていたようだ。優雅でフェミニンなドレスに心を奪われたケイトは、母の留守中にこっそりそれを着て外出し、元の場所に戻し忘れたのが発覚し、母に叱られたことがあったという。

十七歳になると、ケイトはパリのオートクチュール協会が運営する学校、エコール・ドゥ・ラ・シャンブル・サンディカル・ドゥ・ラ・クチュール・パリジエンヌ（Ecole de la chambre syndicale de la couture Parisienne）に通いはじめた。卒業してからは念願のメゾン・サンローランに入ったが、長続きせず、結局すぐに辞めてしまう。

それでも二十歳で独立すると、自分のファッションブランドを立ち上げた。ところが経営を任せていた人とトラブルが生じて、経営面でたちまち行き詰まって二進《にっち》も三進《さっち》も行かなくなり、自分のブランドを手ばなす羽目になった。

Jane Birkin
OH! PARDON TU DORMAIS...
ALBUM JACKET

最初の起業でつまずき、苦い挫折をあじわった彼女は、どうやらその後自暴自棄になってしまい、一時期相当荒《すさ》んだ生活を送っていたようだ。そのころドラッグを覚えたようだ。

ファッション界のミューズであるジェーン・バーキンの娘として、パリのモード界にデビューしてちやほやもてはやされていたのに、その注目のなかでの失敗はしたたかな痛手だったにちがいない。そうしたつまずきのせいか、服飾関係に嫌気がさしたらしく、今度はパリの写真学校に入って技術を学びはじめたという。

ケイトは二十代後半で、すでに薬物依存治療の施設から出て、立ち直っており、一緒に仕事をしていても、そんな過去を感じさせる片鱗もみせなかった。私もあえてそのことには触れないようにしていた。

英国生まれで何をするにも一途なジェーンと、自堕落でデカダンなゲンズブールは、知り合うとすぐに一緒に暮らしはじめたため、日が経つにつれ、おたがいに相容れない部分が表面化してきて不協和音が絶えなかったようだ。

パリの有名クラブ、キャステルに行ったときのことを、ジェーンはフランス・キュルチュールのラジオ番組で語っている――「他愛もないことで、わたしたちはよく喧嘩をしていました。ある晩、キャステルに行ったとき、セルジュが急に怒って、クラブのダンスフロアに私のパニエを投げつけて、なかに入っていたものを床にばらまいてしまったことがありました。大勢の客の前で、です。私はかっとなってテーブルにあった生クリームのケーキをセルジュの顔に投げつけ、彼のサンローランのシャツを台無しにしてしまいました」。

ふたりの諍いは人前でもお構いなしだったようだ。

フランスでは東欧やロシアの地域を、「ヨーロッパの深部《ユーロップ・プロフォン》」と表現しているが、確かにロシア文学をみても西ヨーロッパ文学とは異なり、薄暗く、深い闇の世界を描いたものが多い。両親が亡命ロシア人だったセルジュ・ゲンズブールも、どこか暗い耽美的なものを好む趣向があり、その生き方はとことん破滅的だった。将来につながる建設的なことにはまるで興味がなく、何もかも破壊することだけが彼の美学のようにみえた。それはロンドンのブルジョワ家庭に育ち、その後戒律の厳しい寄宿舎に入っていたジェーンとは対極にあるもの、と言ってもよかった。パリ左岸オルセー美術館裏手にあるヴェルヌイユ通り五番地ビスにある細長い家に、ゲンズブールはジェーンとケイト母娘と住みはじめたが、家庭環境がまるで違うふたりなので、ライフスタイルからして違っていた。たとえば彼は薄暗い部屋が好きなので、なかなかカーテンを開けようとしないが、ジェーンは窓を開けて風通しをよくして埃を払いたかった。何よりも彼女に耐えがたかったのは、灰皿が家中あちこちに置いてあり、ほぼ一日中彼がジターヌをくわえて歩き回っていることだった。

「俺にはニコチンが必要不可欠なのさ」彼はそういうのだ。「禁煙だなんて、とんでもない」四十分の間に、彼はジターヌを九本吸ったというエピソードも残っている。幼いケイトは、ほぼ一日中取材記者や音楽仲間、呑み友達など来客が絶えないので、親のいる居間には行けないし、玄関のドアをあけると、外にはパリでもっとも有名なカップルの写真を撮ろうとするパパラッチたちが待ちかまえていた。

ヘビースモーカーで酒浸りの義父は、夜になると着飾った母親を連れて、自宅の目の前にあるロシア料理店ラスプーチンにくり出すと、バラライカを奏でるロシア民謡に聴きほれ、そこで落ち合った飲み仲間たちとまた別の店にはしごをして、明け方近くになるまで帰ってこない。

それでも素面《しらふ》のときは、優しかったのよ、とケイトはよく言っていた。一歳のころから一緒に暮らし始めたので、実父の顔も覚えていなかった彼女にとって、父親はセルジュだった。来客が帰ってしまい家族だけになると、とても子煩悩だった、とジェーンからも聞いたこともある。自分の子供でないケイトには、とりわけ気を配っていたようだ。

ケイトが四歳になったころ、ふたりの間に子供が産まれることになり、ジェーンはパリでなく、もっと静かな環境で出産したいと思い、実家のあるロンドンに行くことにした。それはマスコミの取材攻勢から逃れたかったからなのに、「ロンドンの病院にやってきたセルジュが、パリから大勢のジャーナリストをつれてきた」とジェーンは言っている。マスコミに朗報を早く知らせたいセルジュと、プライベートなことは騒がれたくないジェーンの考えは、そこでも大きく食い違っていた。

「パリを象徴する大物スターのカップル、ジェーン・バーキンとセルジュ・ゲンズブールに、七月二十一日、ロンドンで女児誕生、名前はシャルロット」と同行記者たちはすぐさまパリにその第一報を送っている。一九七一年の夏だった。

ひとり娘として両親の愛情を独占して育っていたケイトは、異父姉妹として新たに家族に加わったシャルロットを、どのように受け入れたのだろうか。ケイトに直接聞いたことはないが、ヴェルヌイユ通りの小さな子供部屋を共有していた姉妹は、私の目には強い絆で結ばれているようにみえた。

私と仕事をしていたときも、ケイトはよく前日シャルロットの家に夕食に行ってきた、彼女は料理が得意、と言っていたし、私も一度ケイトについて、シャルロットと彼女のパートナーであるイヴァン・アタルの家に行ったことがある。もうひとりの妹ルーの家で夕食をしたというのはあまり聞いたことがなかったが、ルーがまだ幼いときにケイトは家を出ていたからだろうか。

ケイトとオペラ界隈にある日本料理店・伊勢に行ったときのことだった。

「ここの天麩羅は、セルジュの大好物だったの。子供のころここの店に家族とよくきたのよ。楽しい日のことはよく覚えてるわね」

ケイトは笑っていた。

私は、「美味しかったから忘れない、でしょう?」とからかったが、彼女は少しのあいだ、記憶の糸をたぐりよせるようにして黙り込んでいた。

少し舌足らずな喋り方やその仕種からして、ケイトは心のどこかで自分の少女時代を宝物のように大事にしているのが感じられた。


ケイトと私は、その後も南仏ニースで撮影をしたり、インドのラジャスターンやスペインにも撮影に行ったし、彼女も私たちとの仕事を楽しんでくれているようだった。

二〇〇五年、私はフランスに住み始めてから二〇年目を迎えようとしていた。もともと一年間のつもりできたのに、そのころになると周囲の人たちに私はパリに永住すると思われるようになっていた。

ところが自分のなかではその覚悟がまったくできていないのに気づくと、今後の生き方を考えないわけにはいかなくなる。娘はとっくに東京に戻っていたし、自分がもっと高齢になってしまったら、帰国する気力も体力もなくなるのではないか。そうした不安に取りつかれてしまった。老後の漠然とした不安を克服できず、とうとう会社に思い切って辞意を告げて、帰国することにした。

二〇〇五年の七月末、パリの友人たちがヴァカンスに出かける前に私は「さようなら、パリ」のパーティーを「バロン」というパリの流行りのクラブでひらいた。雑誌関係やカメラマンたちなど大勢の友人たちが来てくれ、お別れ会とは思えないほど賑わったものだ。その夜、ケイトは撮影に行っていて、顔をみせなかった。アフガニスタンでの映画のロケ隊と行動をともにして海外に行っていたケイトとは、あまり会っていない時期だった。

みんなに別れを告げ終わると帰国の準備をはじめた。東京から連れてきた「サド侯爵」は行方不明になってしまったが、その後、コンピエーニュの森で生まれたグレイの猫「銀次」が家に来て、帰国の旅も来たとき同様に猫連れになった。それはパリの親友が私の誕生日にプレゼントしてくれた猫で、『フィガロジャポン』にその猫の銀次が毎回登場する「パリ毎日便」を連載していたので、当時は日本から銀次へのファンレターが届いていたものだ。宛名が「村上銀次様」という淡い色のファンシーな封筒を、サントノレ通りの家でよく受け取っていた。

「本当にそれでいいのね」

出発数日前に、マリア・コダマ＝ボルヘスが私にそう聞いた。マリアはアルゼンチンの文豪ホルヘ・ルイス・ボルヘスの未亡人で、パリでの親友だった。

「あなたが後悔しないのなら、それでいいわ」

「ええ、大丈夫よ」

出発の日、ド・ゴール空港まで送ってきてくれたマリアが、ケージから銀次を出して抱きしめ、最後の別れをしている一枚のポラロイド写真がある。銀次はこれから何が起きるのかわからないので、きょとんとしている。パリを離れたことをこれまで一度も悔いてない、と言ったら嘘になるかもしれない。それまでも毎年冬休みは日本に帰国していたし、いきなりパリから二〇年ぶりに日本に帰国したわけではなかったにしても、日本の変貌ぶり、というか日常生活に入り込んでいる合理主義には、当初はどうしても違和感をもたずにはいられなかった。それでも日本に住む以上受け入れるしかない。海外に長く暮らしていた者は帰国するとしばらくは居心地の悪さを感じると聞いていたが、私の場合それは結構長く続いた。

すでに翻訳の仕事はやめていたけれど、帰国後、私はフランス関連のエッセイを出版したり、雑誌の仕事でパリに撮影にいくこともあった。渡仏して撮影をするときは、いつの間にか自然と気心の知れたケイトに頼むようになっていた。

二〇一〇年十月、ジェーンの撮影でパリに行くことになり、写真はケイトに頼み、デイライト・スタジオを使った。撮影を終えて一息ついていたときに、私服のジーンズに着替えたジェーンが、「サプライズ、サプライズ」と言って笑っていた。

「紹介するわ。彼がウリィよ」背後からケイトの声がする。

日本に帰国していたので、パリの恋話にすっかりうとくなっていた私は、どうやらその中年男性がケイトの新しいフィアンセらしいと推測した。

「やあ」

「ボンジュール」

軽く挨拶を交わしたが、仕事が終わったケイトを迎えにきて、スタジオの片隅で照れ臭そうに立っている、彼女より年上らしい映画製作会社（現在映画監督）の中年男性に、私はそれ以上何を話したらいいかわからなかった。優しそうな眼をして穏やかな雰囲気だし、傷つきやすいケイトにはぴったりの恋人だ、というのが私の直感だった。

『クロワッサン』[2010年9月25日号] 表紙
マガジンハウス

パリに来るといつも、マリア・コダマ＝ボルヘスのいる左岸サンシュルピス寺院脇のアパルトマンに泊めてもらっていた。ジェーンの撮影をパリでしていたとき、彼女の家の鍵を私が持ってきてしまい、マリアがスタジオに取りにきたので、ジェーンにマリアを紹介したことがあった。

「そのまま、動かないで」

ふたりをみたケイトが近寄ってきて、カメラを向けると、いきなりシャッター音がなり止まない。そのとき撮ったジェーンとマリアの写真が、『クロワッサン』二〇一〇年九月二十五日号「ジェーン・バーキンさん、あなたの着こなしが、目標です。」の表紙を飾ることになった。

その後、パリでの仕事を終えて帰国した私は、ケイトと時々メールのやりとりをしていた。彼女は仕事が減少しているとこぼすこともあったが、新しい恋人もいることだし、大して心配はしていなかった。パリのモード雑誌全体に活気がない、と書いてきたので、それは東京も同じと返信した記憶がある。

英国版『ヴォーグ』や『フィガロ』、『エル』といったクラスのモード誌の仕事をしていたケイトのように名の通ったフォトグラファーになると、そうした雑誌以外に仕事の幅を広げるのは容易ではない。有名なカメラマンはギャラも高そうだし、頼みにくくなるからだ。いずれにせよ、東京にいる私には手助けはむずかしかった。

あるとき、仕事先の読売新聞で出している日本版『マリ・クレール』でファッション写真家を探していたのでケイト・バリーの話をしてみると、編集部が招聘に乗り気になってくれた。早速本人に聞いてみると、日本びいきのケイトは来日できるのがよほど嬉しいのか、すぐにスケジュールを出してきた。三日間くらいの小規模な撮影なので、パリで仕事がない、という彼女にとっては焼け石に水かもしれないが、少しは気分転換になるだろう。

ただし、ケイトが前回来日したときは息子のロマンと一緒だったが、今回はひとりなので滞在中に寂しくならないかは少し心配だった。パリでは夜更けまで賑やかに飲み歩くのが好きな彼女なので、おしゃべりの相手としてなら一応合格かもしれないが、私のようにあまりお酒の相手にならない者では物足りないのではないか。

東京での撮影は慌ただしかったが、終わって一段落したので、ケイトをスカイツリーの下にできたばかりの「すみだ水族館」に案内したのを覚えている。

そのころちょうど写真家で映画監督の蜷川実花さんから、水族館のなかに色彩を使ったインスタレーションをしたのでみてほしい、と言われていたし、動物が好きなケイトなら面白がるだろうと思ったのだ。スカイツリーにはまるで関心を示さなかったケイトも、水族館では珍しい深海魚に見入ったり、ペンギンやクラゲを上機嫌で眺めていた。水族館の薄暗い館内では、宙に浮いているような水槽が非現実的な雰囲気だったし、実花さんの写真のあざやかな色彩が幻想的にみえた。

水族館を出て、浅草に向かった。途中、いかにも地元の人しか行かないような、うらさびれた居酒屋が目についたので、その店の暖簾をくぐることにする。

「オー・ラ・ラ！　またここにも魚がいる。今日は魚の祭の日？」

店に入ると、ケイトはカウンター脇にあった青い大きな水槽に駆け寄っていた。

「ウーパールーパーがいる。来て来て」

「どこに？」私もケイトの背後から覗いてみる。「ほら、これ」

薄いピンク色をしたその奇妙な生き物が、おかしな格好で慌てて足をばたつかせて動き回る姿がよほど気に入ったらしく、ケイトは目を輝かせてみていた。

「いいなあ、ウーパールーパーって。気楽に生きていけるから」ぽつりとそういうと、少し表情を曇らせ、しばらく自分の考えにとじこもっているようだった。「もっと東京にいたいな」その後もひとりでそうつぶやいていた。翌朝、パリに帰国することになっていたのだ。普段は冗談ばかり言って、ちょっとした出来事なら笑い飛ばしているのに、時折どこか深部から込み上げてくるような暗い表情をみせることがある。そのときがそうだった。ふいに外界からでは想像もつかないものと、ひとりで闘っているようにみえたものだ。「ほら、あなたの好物の茶碗蒸しがきたわよ」そう言うと、やっと彼女もテーブルに戻ってきた。

食事中にパリの自宅にも水槽をおきたい、とケイトが言い出したので、ふと思い出したのは、一九七八年に作家のアラン・ロブ＝グリエが来日して『海』の塙嘉彦編集長たちと東京を案内して、谷中の食堂で大きな水槽をみたときのことだった。そのときパリから同行していたロブ＝グリエの姉が、水槽のなかに銀色の鱗の魚がいるのをみつけ、その鱗を鏡に見立てて口紅を塗っていた、というエピソードを話すと、ケイトは面白がって聞いていた。

翌日、晴れない顔をして、彼女はパリへ発っていった。恋人が待っているパリに戻るのに、どうしてそんなに浮かない顔だったのか、彼女のパリでの生活を知らない私には理解できなかった。だが、本人が話さないことを聞くわけにもいかない。ウリィの娘たちと同居しているかどうかも、私は知らなかった。同じ屋根の下で暮らして家族になっていたのなら、リセの話や復活祭の休暇は子供たちと旅行した、といった話題があってもよかったはずだが、そんな話は聞いたことがなかった。後日、渡仏してケイトの新しいアパルトマンに立ち寄ったときも子供たちのいる気配はまったく感じられなかった。むしろ以前よりも家のなかは乱雑な感じで、犬、猫があちこちにいて、鸚鵡が時折けたたましい声をあげていた。

ウリィが住んでいる気配も感じられなかったが、そのことを聞くのは、少し無神経に思えて、その話題には触れないようにする。前に作家の恋人と付き合っていたときも、同棲はしていなかったし、それが彼女のスタイルのようだった。

パリにいたころ、何度かケイトと映画やファッション関係のイベントやパーティーに出かけたことがあったが、そんなところへ行くと、ファッション・カメラマンでセンスもいいケイトは人気者で、同世代の男性たちが寄ってきて、なんとかして彼女と親しくなりたそうにしていたが、彼女はまるで関心がなく、適当にあしらっていたのを覚えている。

同年代とのシンプルな恋にはまったく興味が持てないらしかった。気難しくて、恋人に自分の時間を邪魔されたくない自己中心的なタイプや、前の家庭を引きずっている優柔不断な男性と、複雑な関係になってしまう傾向があった。そうした複雑なつながりは、抜き差しならなくなることがあるのを知っていながら、あえて彼女はその流れに身を任せているようにみえた。

ともあれ私がパリを離れて東京に住み始めてから、ケイトが私たちの前から姿を消すまでの八年間で、私は三回パリへ行き、ケイトは四回来日した。その短い滞在期間以外はお互い遠く離れていたので、彼女がどういう暮らしをしていたのか、ウリィとの関係がどうだったのか、本当のところはわからない。その当時のケイトとの記憶は、どれも断片的なものばかりだった。

二〇一一年三月十一日、東日本大震災の衝撃的映像が世界のメディアを震撼させた日、私も自宅のテレビに釘づけになっていた。とりわけ気仙沼の造船所の赤黒く燃えさかる火炎の映像には、これが現実に起きているのかと、だれもが息をのんだと思う。

地震は日本時間の一四時四六分に起きた。パリはちょうど朝目覚める時刻だったためか、しばらくして友人たちから次々に私の安否を心配するメールが届きはじめた。ケイトからも短いメールがきたので、東京は心配ない、と返事をかえした。それから数日後、「パリでなにか私に手伝えることがあったら言ってね。みんなに声をかけるから」と言ってきた。日本にいる私でさえ、まだ被災地を支援することについて考えてもいなかったのに、パリのケイトが遠い被災地への救済を早々と提案してくれたことに感心したものだ。ジェーンからも同じようなメールが届き、「どれほど自分が日本を愛しているか、今度の大震災でどんなに胸を傷めているか、パリでそれを伝えるにはどうしたらいいか教えてほしい」と言ってきた。とりあえず日本大使館に行き、その思いを伝えてきたらどうか、とパリにある日本大使館の住所を知らせる。

当初は私も遠隔地での出来事だと思っていたのだが、当時かよっていたサントリー美術館内の茶室、裏千家の茶道教室での知り合いから、一緒に稽古に通っていた茶道の仲間が、避難所で親を亡くして夜眠れない子供たちのカウンセラーとして被災地・南三陸に入った、と知らされた。彼女は児童心理学の専門家だった。大震災から数週間後のことだ。そのころから、少しばかり大震災を身近な出来事に感じはじめた。現地から戻ってきたその女性から、親の死を理解できず、夜中に泣き叫ぶ避難所の子供たちの話を聞いて、ますます引き込まれていった私は、自分にもなにか手助けできないだろうか、と思いはじめていた。

Jane Birkin
80 minutes pour le Japon
INSTITUT FRANÇAIS

大震災から三週間くらいたったころ、ケイトからまた、なにか手伝うことはないかと言ってきたので、あなたが写真家として被災地の惨状をフランスに知らせたいのなら、日本に来たらどうか、私が案内してあげるからと返信した。

ケイトから返事がこないので来日する気はないのだろう、と思っていたら、ある日「ジェーン・バーキン来日」の記事を目にする。母親の来日についてケイトからは何も知らされていなかったし、おそらく突然決まったことなのだろう。ジェーンはこれまで彼女のコンサートをプロデュースしていた渋谷パルコの関係者に頼んで、急遽チャリティー・コンサートの開催を企画してもらったようだ。

ケイトから母娘のあいだで交わされた対話の経緯の説明が届いた。福島の原発事故の報道以来、ケイトは放射能汚染の危険性のある東京へ行くことに不安を感じていたという。母親に相談すると、ジェーンは即座に、「あなたはパリにいなさい。日本へは私が行きます」と言ったという。もともと薬物や薬品に詳しいケイトは、薬局に行って色々な最新情報を仕入れていた。そうした知識のせいで、放射能汚染に関しても私が想像していた以上の恐怖心を抱いていたようだ。そんなときに相談した母親のジェーンが「自分が行く」と言い出したので、知名度の高い母親が日本に行って支援するほうがより効果的だと思ったそうだ。自分は日本に行かないと告げたので気まずかったのか、それからしばらくケイトからのメールは途絶えた。

「わたしは病気を抱えていてこの先どうなるかわからないので、娘のケイトより、わたしが行くほうがいいと判断したのよ」と、後日、ジェーンも私にそう語った。日本にいるとよくわからなかったが、チェルノブイリを体験したヨーロッパからすると、当時の福島の原発事故も同じくらい深刻なものだったのだ。フランス大使館も、日本在留フランス人を特別機で帰国させていた時期だった。

大震災から一か月後のことだった。渋谷の公園通りのパルコ前に、ぽつぽつと人が集まってきていた。路上にはごうごうと音を立てて走り去っていく大型トラック、苛立ったクラクションの音、黒いバイクがその間をぬって疾走している。その騒々しい路上で、フランスの国民的人気スターのジェーン・バーキンが、伴奏もなく歌おうというのだから相当無茶な話だった。

渋谷に行った私は、東日本大震災復興支援チャリティー・コンサートの主催者やスタッフに邪魔にならないようにして、パルコの前にいたジェーンのほうに近づいていった。

ボンジュールもそこそこに低い声で、ジェーンは少し苛立ったように呟く。

「これって、本当は大変なのよ。アカペラで歌うの、こわい。わかってくれるかな?」

「日本によく来てくれたわね、ジェーン」

彼女は私の言葉にも上の空で、真剣な表情をして、提げていた袋に手を突っ込んで、なにかさがしていた。普通ならピアノやベースなどパリからミュージシャンを引きつれて来日するのに、自費来日でマネージャーもいなかったのだ。渋谷のクラブクアトロでのライヴと募金の告知をするため、路上で、それもアカペラで歌うのだから、ジェーンもよほどの覚悟が必要だったはずだ。

路上ライヴの情報はその日の朝にＳＮＳで拡散されたので、集まってくるひとたちもインターネット世代の若いひとたちばかりで、従来のジェーン・バーキンのファンではなさそうだった。

ゲンズブールがもっとも好きだった深く静かな愛の歌〈ラ・ジャヴァネーズ〉をジェーンが、低い声でゆるゆると唄いだすと、周囲の話し声も、ぴたりととまった。車のクラクションもバスの音も、一瞬のうちに消え去り、そこにはこころの奥底まで沁みわたるようなジェーンの沈んだ声だけが、人混みの間に充満してきた。前列にいた若い女の子は、感動のあまり込み上げてくる嗚咽をおさえるようにして、ふいに両手で顔をおおった。隣の男性も、しきりに目頭をおさえている。

じっとジェーンをみつめていた私自身、視界が曇ってくるのを感じた。

日本にいるフランス人たちが放射能汚染を恐れて急遽本国に帰っていくなか、ジェーンが私へのメールに書いてくれたメッセージ――「わたしは日本を愛しているの。それをどうしても伝えたいのよ。でもわたしには歌うことしかできない」その言葉が伝わってくる。フクシマの放射能は命にかかわる危険があるというフランスでの風評も気にせず、「日本を愛している」という思いを伝えにやってきたその歌声が、人々のこころに浸透していく。ジェーンは大勢の人波にかこまれて、もみくちゃになっていたので、私は心のなかで「メルシー、ジェーン」とつぶやき、挨拶もせずにその場をはなれた。


それから数週間後、まるで戦場のようにすべてがなぎ倒された瓦礫のなか、被災地南三陸の海辺に私は立ち尽くしていた。児童心理学を専門とする茶道教室の仲間と一緒に、彼女の邪魔にならないようにして、東京から毛布などの物資を志津川病院に持ってきていたのだ。これまで社会奉仕らしいことをしたこともなく、東北にはまったく縁もなかった私にとって、正直それが生まれて初めてのボランティア体験だった。渋谷の路上で目にしたジェーンの捨て身の姿に背中をおされ、自分でもなにかしないではいられなくなったのだ。

瓦礫の下から枝を伸ばした桜の樹から、淡い色の花が顔をのぞかせている。大震災の前には、その辺りは静かな花見の場所だったのかもしれない。その向こうには赤い旗がひらひらはためいていたが、それはその瓦礫の下に遺体があることを知らせるために自衛隊が立てたものだという。まるで「私はここにいます」と言っているようだ。その先には、赤茶けた鉄骨だけになった南三陸の防災対策庁舎がみえている。テレビで何度もみた場所だった。あの屋上で、何名もの人が命を落としている。二〇年間海外に暮らしていた私にとって、それはあまりにも無惨な故郷の現実だった。

あるとき、小学校を借りた避難所に、東京から毛布や衣服を持っていっていた私に、ひとりの被災者が声をかけてきた。「物資はもういらないよ。欲しいのは仕事だよ。もらってばかりいて、毎日みんなにぺこぺこして生きていくのが、どんだけつらいか」そう言われて、はっとした。たしかに津波前は教師や漁業組合の事務員をしていた女性たちが、大震災の日を境に、まるであらゆる誇りや尊厳を奪われたかのように、他人に頭を下げて暮らすようになってしまったのだ。そうした日々の鬱積が積もり積もって、被災者たちはものをもらうことが耐えがたく苦痛になっていたのに、ボランティアたちには、そこまで心配りできていなかった。そこで私は、二〇一二年一月半ば、大震災の翌年に南三陸の被災者たちの仮設住宅の女性たちを集め、仮設集会所の「お茶っこ会」で手仕事をしてもらい、それを東京で販売する「アマプロジェクト」を立ち上げることにした。なにしろ初めての社会参加だったので最初は心細かったが、当時は夢中だった。

アマは古代ギリシャ語で「魂」を表わすので、魂のつながりを生み出したいという思いを込めて、「アマプロジェクト」という名にした。「アマ」は海女《あま》にも通じるし、フランス人にも覚えやすいだろう。日仏友好の支援にぴったりだと思って、そう名づけた。支援の中核となる企画は、被災した女性たちが製作した手作りのアクセサリーを日本とフランスで販売することだった。手編みのブレスレットには、フランスでは「希望」の色と言われる緑色のビーズを使うことにする。

そのボランティア活動が、ジェーン・バーキンや娘たちを結びつけるものになるとは当初は考えもしていなかった。

被災者に尊厳を取り戻してほしい、という思いも強く、そうした手編みのアクセサリーは、雑貨店の店頭ではなく、東京の国立新美術館や東京都写真美術館などのミュージアムショップで販売することにした。パッケージデザインも当時から注目されていた建築家の谷尻誠さんにお願いする。東日本支援というメッセージはごく控え目に記し、それを買いたいと思った客が、レジに持っていったときに初めて支援活動の品だとわかるようにした。被災者への憐憫から買ってもらうのではなく、気に入った製品として選ばれるものにしたかったのだ。

二〇一二年の新年早々から準備を始めていた私たちは、大震災から一年後の三月十一日からスタートすることにした。

パリのケイトやジェーンにもそのことを知らせると、なにかあったら手伝うと言ってもらえた。パリでスタイリストをしている友人マルティーヌ・ドゥ・マントンのおかげで、パリの流行の店「コレット」や「メルシー」でも販売することができた。

アマプロジェクトで製作した最初のブレスレットのプレス用写真は、ケイトがパリで撮影してくれたものだった。

ジェーンが渋谷の公園通りで路上ライヴをしてから二年後、今度はケイトが、日本の雑誌の撮影で来日することになった。そのころになると原発事故による放射能汚染の不安も遠ざかり、ケイトも来日を素直に喜んでいた。今回も雑誌の招聘なので、滞在日程もあらかじめ決まっていたのだが、撮影の途中から、どうしても私と一緒に被災地に行きたいと言い出した。「行きたい」「はあ?」「だから、私も東北へ行くの」まるで駄々っ子みたいに、撮影の間中、甘えた声でそう言ってくる。

仕事なので予定の日程で帰国するほうがいい、と思っていたが、仕方なく彼女の帰国日程を延ばしてもらうことにする。そのための費用は自分で出すという。その日東北新幹線でくりこま高原駅に着くまで内陸を走っていたので、まだ甚大な被害の海岸線をみていなかったからか、ケイトは小旅行に出かけるように嬉しそうに、仙台駅で買った海鮮弁当に舌鼓を打ち、ウリィにも頻繁にメールを送り、旅の状況を知らせていた。

こうして二〇一三年一月、私たちは海の上に突き出た南三陸のホテル観洋にチェックインした。ケイトは部屋に荷物を入れると、近くを歩いてくると言って外に出たまま、なかなか戻ってこない。外は激しい雨が斜めから吹きつけ、ホテル前の道は時折バスが通るくらいで、人影も疎らだった。あの大震災の津波の日には怒濤のように荒れ狂った海も、いまは白波をたてて穏やかに打ち寄せていて、濡れた灰色の光景のなかに溶け込んでいる。

「どうしたの?」

戻ってきたケイトをみて、ロビーにいた私は思わずそう言って立ち上がった。ホテルのエントランスに飛び込んできたケイトがずぶ濡れになっていたからだ。傘をさしていたはずなのに、どうしたのかと思うほど濡れている。

「寒い、寒い、死ぬほど寒い」

私は思わず両腕で抱きしめる。微かに震えているようだ。栗色の髪がばらばらに乱れて、額に張り付いていた。

「部屋に行って、着替えてくる」

どうしたのと聞く暇もなく、ケイトは足早にエレベーターのほうに駆けだした。外をみると、冷たい雨はみぞれに変わっていた。

その日は、登米《とめ》市に建てられた南三陸の被災者たちが住む仮設住宅の女性たちが、ブレスレットを編んでいる集会所に、ケイトを連れていった。

「こんにちは。ケイト・バリーです。フランスから来ました」

彼女は集会所の障子をそっと開けると、私が教えた日本語で小さな声でそう挨拶した。

「フランスから、わざわざみえたど?」

ケイトが部屋に入ってくると、女性たちはレース針の手を休めて物珍しげにじろじろみるので、彼女は照れてうつむいている。

「そのまま作業は続けてください」

重ねた座布団にべったり横座りしていた最高齢の恵美子さんが、立ち上がろうとするのを、ケイトは慌てて駆けよって止めた。彼女たちが作業している部屋の雰囲気を、ありのまま撮影したいようだ。その日の夜に日中撮影したものをホテルでみせてくれたが、しかしどの写真も被災者の後ろ姿ばかりで、レース針を持った恵美子さんの皺の刻まれた茶色い手の写真も、顔だけは写っていなかった。

「だってあまりにも痛々しくて、正面から顔を撮れなかったの」

いつもは準備されたスタジオでファッション写真を撮っている彼女が報道カメラマンのように現実を直視して撮るのが難しいのは、無理もなかった。

翌日は地元の人に案内してもらい、被害のひどかった石巻市立門脇小学校を訪れる。前日の雪のせいで、私たちは校舎の周囲をぬかるみに足を取られながら歩いた。窓ガラスがすべて割れているため、泥に汚れた建物の壁面には、黒く四角い窓枠の空洞が規則的に並んでいるだけで、大震災から二年近く経っていても現場の傷痕は生々しかった。

石巻市立門脇小学校にて撮影中のケイト〔2013年1月〕
photo par K. Murakami

「子供たちの声が聞こえるみたい」

だれに言うともなく、ケイトはつぶやいている。そしてカメラを抱えたまま、黒いジーンズ姿の彼女は階段に座りこみ、少しの間うつむいたままだった。

今頃はパリに戻って恋人と再会していたはずなのに、わざわざ私についてここまで来てくれたケイトの優しさに感謝する。十数年の歳月を経て、私たちは仕事仲間というよりも、お互いの傷みを共有する、家族にも似たつながりを感じていたような気がする。

日没の色が海に明るく反映した海岸に沿って、帰りは仙台まで車で送ってもらう。口数の少なくなったケイトの横顔に、私は何度も「大丈夫?」と声をかけた。

「絶好調よ。来てよかった」ケイトはそんな風に答えて、少し頼りなげに笑った。

被災地から東京に戻ると、翌日は、その夜パリに発つケイトは、皇居前のホテルで国際写真フェスティバル「京都グラフィー」の主催者たちに会うことになっていた。

「京都で写真展するなんて、信じられない。京都よ。京都」

二〇一三年四月に開催される写真フェスティバルに参加することが決まったケイトは、感極まった表情で私を抱きしめ、喜びをわかちあった。前回京都にひとり旅をして以来、ケイトは古都の町並みや哲学の道から法然院までの土手道の魅力にすっかり心を奪われていたので、古都で写真展をすることに有頂天だった。フェスティバルは目前に迫っていたし、それまでにパリで出品するための写真の現像をしなければならない。写真展には南三陸の被災地の写真も展示することになった。三か月後に京都で会う約束をして、空港バスに乗り込むケイトとパレスホテルのエントランスで別れた。

最後にケイトと会った二〇一三年四月、京都での記憶は、思い出したい気持ちもあるが、今でも心のどこかでは目を背けたいという思いのほうが強い。

あの散りかけた桜の季節の京都で、みんなに自分の作品をあれほど称賛されて満面の笑みを浮かべて得意絶頂だったケイトが、パリに戻ってから八か月後にどうして自らの命を絶つという結果に至ったのだろうか。京都ですでに、何か暗い陰りが芽生えていたのかもしれない。答えの出ないそうした虚しい思いが、ケイトにまつわる最後の思い出を想起するのを、拒んでいたような気がする。

そのときの記憶をたどってみる。

京都でケイトと落ち合ったのは「ケイト・バリー写真展」会場だった。誉田屋《こんだや》源兵衛《げんべえ》黒蔵《くろぐら》という古めかしい名の、もともとは帯屋の蔵の中の展示会場だった。彼女は写真展会場設営のため、フィアンセのウリィより数日早めに京都入りをしていた。

黒と白が特徴的な、なめこ壁の蔵のなかはうす暗く、上のほうに小さな明かり窓がぽつんとあるだけで、どこか現実離れのした空間だった。一階と地下のスペースが展示会場に使えるようになっていて、一階の壁面には女優のポートレートを並べることにした。カトリーヌ・ドヌーヴ、ジェーン・バーキン、シャルロット・ゲンズブール、カーラ・ブルーニ、ソフィア・コッポラ、イザベル・ユペールたちのモノクロームの写真が飾られた。撮影しているカメラマンが顔見知りのケイト・バリーなので、被写体の女優たちもどこか打ち解けた表情をみせて、ケイトの指示にすっかり身を委ねているようだ。どの写真もフランスのファッション誌のグラビアページを飾ってきたものだし、繊細な感性の際立つ写真なので、先刻まで日本の伝統的な風格の蔵の中だったところが、たちまちヨーロッパの美意識に包まれていく。ケイトと私は部屋の中央にしゃがみ込んで、一枚一枚の写真をみながら並べる順番を変えたりしていた。

第１回目の京都グラフィーのポスターに使用されたのは
ケイト・バリーの撮ったモニカ・ベルッチの写真だった
photo par K. Murakami

地下には南三陸の瓦礫の写真や登米市の仮設住宅、私たちのアマプロジェクトの女性たちの後ろ姿や、ブレスレットを編んでいる恵美子さんの手のアップの写真などが展示される。

煌びやかな雰囲気のただよう一階の写真に対して、地下はまだ復興とはほど遠い東日本の荒廃した被災地の写真だった。

京都で開催された第一回目の国際写真フェスティバルだったし、フランス映画を代表する女優たちの写真を目当てに、結構多勢の人たちがみにきてくれたが、上の階をみてから地下に来たひとたちは、思いがけない被災地の写真にやはり少し面食らっていたようだ。

昼過ぎからはケイトのワークショップがあるので、フェスティバルの事務局のひとが彼女を迎えにきていた。その後三人で食事に出かける。ふと振り向くと、ケイトとウリィは手をつないでいた。

「恋人たち、はやくいらっしゃい」

私がそう言うと、ケイトは照れ臭そうに笑っていた。京都御所の近くの桜並木を歩いていたふたりは、昼下がりの緩やかな光を浴びて、世界中のどんな恋人よりもしあわせそうにみえたものだ。パリから到着したばかりのウリィは、周囲の景色をゆっくりと見回している。

予約していたガラス張りのカフェに着くと、ケイトはパリに残してきた秋田犬や猫や鸚鵡のことが心配らしく、後からきたウリィにペットたちのことをしきりに聞いていた。猫や鸚鵡は近所の人に頼んだようだが、秋田犬だけはジェーンに預けたという。

「きみのママンは、忙しくなったら犬のホテルにつれていくと言っていたよ」とウリィが言うと、ケイトがふいに声を荒立てて、「えっ、それはだめよ。だめ、だめ」と言う。

「だってね、ママンはパリで最高級の犬のホテルに連れていくのよ。引き取りにいくのは私だから、私が払うことになる」

「だったらあとで電話を入れておこう」。私がいるので、ウリィはその話を打ち切りたがっていたようだが、ケイトはその後少しのあいだ浮かない顔をしていた。

長年スタジオで一緒に仕事をしていたので、私はケイトのアーティストらしい一面はよく知っていた。それは直感的で、鋭く、妥協を許さないものなのだが、いったん仕事を離れると、不思議なくらい堅実で、たとえば出版社がギャランティーを払う際に必要な租税条約に関する届出の書類も他のカメラマンに比べて驚くほど几帳面に記していた。換金レートに関しても詳しく、よく私はやり込められていたものだ。政治情勢にも詳しいケイトは、常にレートの変動を把握していた。

今思うとむしろどちらかに偏っていたほうが、もう少し楽に生きられたのではないだろうか。

アートと現実、そのどちらかに。まるで、空中に張られた一本のロープを渡っていくように、ケイトは目を見開いて完璧なバランス感覚で綱渡りをしていたように思える。

ケイトとの距離がこれほど近づいたのも、私たちが動物好きだったからかもしれない。パリに置いてきたペットのことばかり心配するケイトをみていると、微笑ましく、私も旅先で、猫のことが心配になって眠れなかったことがあったのを思い出した。

パリから東京につれかえった猫の銀次は、飛行機を降りると成田の検疫所に入れられ、出てきたときにはストレスでいくつもの円形脱毛症になっていて、その後みるみる衰弱していき、一年後に息をひき取ったのだ。

ペットロスですっかり落ち込んでいた私をだれよりも気遣ってくれたのも、ケイトだった。そのころ仕事で渡仏した私は、ケイトから自宅に夕食によばれて、生後二か月くらいの仔猫をプレゼントされた。しかし、成田までの十二時間の飛行時間はとても耐えられそうにないし、銀次の二の舞になりかねないので、私はその思いがけない贈り物を即座にことわった。グレイのふわふわした仔猫を、そっとケイトに返したのだが、そのときケイトは妙なことを口にした。

「考えてみてよ。もし銀次の魂があなたの傍らに帰ってきたくても、あなたの家に猫がいなければ、帰ってこれないでしょう」

「魂?」

超自然なことは滅多に口にしないケイトなので、私が怪訝な顔をしていたのだろう。

「そうよ。銀次だってあなたに会いたがっているわ。きっと」

ケイトは頑なにその持論をくりかえし、ペットロスに陥り「もう金輪際猫は飼わない」と意固地になっている私を説得しだした。

「だったら、いいわ、ケイト。このアメリカン・カールの猫が日本でみつかったら、そうね、考えてもいい。その猫をあなたの贈り物だと思うわね。もしみつかったら、の話よ」

せっかく私のために入手してくれたのに、それをつき返すのは申し訳なく、同じ種の猫を東京で探してみる、と約束した。

「この種類は、銀次に似てるから、きっと銀次も喜んでくれると思う」

ほら、ほら、と言いながら、ケイトはその仔猫をもち上げて、高い、高いのような仕草をしてみせた。結局、その猫はケイトが飼うことになった。


ケイトと最後に別れたのは、木屋町の高瀬川の流れに沿った道だった。

翌朝パリに帰るケイトとウリィ、被災地の宮城からやってきたアマプロジェクトのスタッフふたりと一緒に、西木屋町の高瀬川沿いにあるレトロな店「れんこんや」で夕食をした。

食事中ケイトは、昼間に行った写真展のワークショップで出会った若い人たちが、どれほど熱心だったかと身振り手振りで嬉しそうに語っていた。珍しく話をするのはもっぱらケイトで、私たちは聞き手にまわった。

店を出てふとみると、ふたりは寄り添っている。ホテルまで送ろうと思っていたが、ふたりだけになりたいようなので、路上で別れることにした。私たちはお互いに何度も振り返りながら、手を振り、笑いながら別れた。

それが、私の胸に刻みつけられたケイトの最後のイマージュだった。その後パリでケイトに何が起きたのか何も知らない私は、あの高瀬川の流れの辺りに置いてきぼりにされたままだ。

私たちが知り合って間もないころ、三十代半ばだったケイトは、当時、パリで著名な作家と付き合っていた。ふたりは決して公の場には姿をみせなかったが、私はケイトから話を聞いていた。やがて、その作家の兄がジェーン・バーキンの当時の恋人だと知って、なにか引っかかるものを感じた。小説のなかでならロマネスクにみえるものも、現実になると陰鬱な関係と言わずにいられない。その作家とどういう経緯で別れたのかは知らない。無口で実直そうな新しいパートナー、ウリィをみていると、今度こそ穏やかな関係でいてほしいと願わずにはいられなかった。とはいえ彼には子供たちがいるようだし、複雑な事情もありそうだ。

シャルロット・ゲンズブールは、子供のころのことを聞かれて、「家のなかは、暗く、耽美的なものを賛美する傾向がありました」とインタヴューで語っている（『テレラマ』二〇一五年一月二十六日号）。それが父セルジュ・ゲンズブールと暮らしていたときの家のなかの雰囲気だったという。「家では不幸に心ひかれる傾向があったの」とケイトも言っていたのを思い出す。

家族のなかでも長女のケイトは、そんな彼の影響をもっとも色濃く受けていたにちがいない。シャルロットは十一歳のときに母親の新しいパートナー、ジャック・ドワイヨンと暮らし始めたが、ケイトは十五歳でその新しい家を出ている。一年も一緒にいなかったドワイヨンより、ケイトの人生に大きな影を落としていたのは、やはりデカダンス的趣好のゲンズブールだったのではないか。

「家族って、生まれついてのものだから選べないけど、もうひとつ自分で選ぶ別の家族があると思わない？　それって、何か途方もなく崇高な選択と言えない？」

あるとき、ケイトがパリのサンジェルマン大通りのカフェ、ル・ルーケで、白ワインのサンセールが冷えていないと文句をつけながら、ふいに友情について語り出したことがある。

ひどく大袈裟だなと思ったので、つい少し笑うと、しばらくの間、彼女は不服そうにしていた。今になって思うと、あのときケイトは何かを求めていたのかもしれない。

「崇高ねえ」

あれはたしか、京都の写真展に先立つ二〇一〇年三月、ケイトの「きずな写真展」が六本木の森ビルのギャラリーで開催されることになり、来日していたときだった。

グランドハイアット東京のロビーで待ち合わせていたのになかなか現われないので、ふと思いついてすぐ近くのドラッグストアに行ってみる。「ケイト!」背後からそう声をかけると、悪戯をみつけられた少女のように、ケイトはびくっとして振り向いた。すでにいろんな薬品を買い込んだ袋を提げている。当時禁煙をするために、パッチを貼ったり、電子タバコを吸ったりしていたケイトは、日本にはどんな禁煙グッズがあるかみているうちに、つい夢中になってしまったという。「この前ね、パリで風邪薬が全然効かないので、苛立って一箱全部飲んでやったの」「えっ、どうなったの?」「面白かった。ふわっと浮き上がって、鳥になったみたいに飛べたのよ」「そんな馬鹿気た真似、二度としないで」「ふわふわして、とても気持ちよかった。風が頰に当たって。なんだ、死ぬのって、こういうことか、と思った」

今考えてみると、あれは死の予兆みたいだった。彼女は他にも妙なことを言い出したことがあった。「この前ね、パリでちょっと辛いことがあったの。私がとても落ち込んでいたときに、マレ地区のカフェに入ったら、あなたの友達のマリオ・テスティーノが奥の席にいたのよ。それで自分でもどうしてだかわからないけど、思わず彼のほうに駆けよって、カスミコの友達です、と言った途端、彼に抱きついて泣いてしまったの」「えっ、マリオはびっくりしたでしょう?」

マリオはダイアナ妃の最後のポートレートを撮ったことでも知られる世界的なファッション・カメラマンだが、私は彼がデビューしたころから知っていたので、何度も仕事をして、親しくしていた。パリのファッション界はどちらかというと、クールなひとが多いなか、南米ペルー出身の彼は情熱的で、感情豊かなひとなので、ケイトが泣きだしたときも、大丈夫だよと言って髪を撫でてくれたという。

ケイトに一体どんな悩みがあったのだろう、と気になりながらも、彼女が初対面のマリオの腕のなかで泣きくずれた、という事実のほうに、私はむしろ動揺していた。どう考えても彼女らしくない。どうしたのだろう。よほどせっぱつまっていたのだろうか。

それなのに一歩踏み込んで彼女の悩みを聞こうとはしなかったのには、私なりの理由もある。彼女がバーキンというセレブの家族の一員なので、あまり家庭内の内情に踏み込むのはよくない、という配慮が常に頭の片隅にあったからだ。芸能記者ではないのだから、と。そんな遠慮はとりはらってもよかったかもしれないのに、私にはできなかった。

断片的な記憶のなかから、こうしたエピソードをいくつか取り出してみると、彼女が何かに追いつめられていき、精神的に衰弱していたのは明白だった。それなのに救いの手をさしのべようともせず、単に日本で再会できることを喜び合っていた。そんな自分の無神経さを、認めないわけにはいかない。

二〇一三年四月末、京都から帰国したケイトは、パリのアンヌ＝ドミニック・トゥーサンのギャラリー「シネマ」で、十一月初めに「ケイト・バリー写真展」を開催することになり、慌ただしくしていた。その間、私たちはほとんど連絡を取り合っていなかったが、ケイトから今度のパリの写真展はあなたにぜひみてほしい、と言ってきたので、残念ながら行けそうにない、と返信すると、

「初日にパーティーをするのが通例だけど、今度は最後の日にするから、それなら来れる？」と言ってきた。控えめなケイトにしては、珍しくそこに強引なものを感じたものの、そのためだけに渡仏することはできなかった。それがケイトから私への最後の頼みだったのに。

ケイトが私たちの前からいなくなってしまった翌月、二〇一四年一月の月命日にあたる十一日、私はケイトの墓参のため渡仏していた。モンパルナス墓地に眠るというケイトの正確な場所を知るためにジェーンに何度か電話していたが、なかなかつかまらない。

「そこを動かないで」

「ボンジュール」という挨拶もそこそこに、やっと携帯に出たジェーンにいきなりそう言われた。

「あなたが今いる場所に私がいくから待っていて」

「今はカフェ・ドゥ・マゴにいるの。テラスでなく、なかに」

「十五分で着くから」

どうやらサンジェルマン界隈にいたらしく、十五分もしないうちにジェーンはやってきた。ケイトの死後、初めてジェーンに会うので、色々な想いが胸に錯綜する。相変わらず無造作な髪にジーンズ姿だが、入退院を繰り返していたせいか、やつれた感じで、泣いているのか笑っているのかわからない、あのお馴染みの表情で入ってくる。そんなジェーンをみた途端、ふいに押し寄せてきた感情に自分でも戸惑った。

「あなたも病気で大変だったのに」

そこまで言うと、声が震えてきて、それ以上続けることができない。

「私のことはいいのよ」きっぱりといさぎよく、いつもの頼もしいジェーンの声だった。

「ケイトが大好きだったセルジュのすぐ近くに墓所がみつかったので、きっと喜んでくれていると思うわ」それを聞いているうちに、ふいに涙が後から後からあふれてきて、止まらなくなった。ジェーンは黙ってそれをみていたが、「さあさあ、蛇口を止めてね」——やんわりとそう言われても、どうしても止まらない。たしかに水道水のように流れ出てくるので、その表現はあまりに的確だったし、我ながら情けなく、おかしく、つい笑いだしてしまう。

「ロマンは私の家でしばらく暮らすから、心配しないで」

十六歳で母親をうしなった孫のロマンは、ジェーンが引き取って、一緒に生活しているというので、ほっとする。

ケイトは亡くなる数日前、恋人ウリィとの関係について、離別というより少し距離をおく、と母親に話していたようだ。事件当日もウリィと夕食の約束をしていて、彼が娘をつれてケイトの新しい家に行ってみると、事件直後の現場に出喰わしている。その場面を想像すると、背筋が寒くなる——ケイトはその時刻にウリィが来ることを知って投身した、という事実に。

ジェーンがケイトに最後に会ったのは、シャトレ劇場のコンサートの楽屋だったという。そのときも、引っ越し荷物を片づけるので忙しい、と言っていただけで、普段と変わった様子はなかったそうだ。カフェでしばらく話し込んだあと、翌日墓参りをしてからジェーンの自宅に行く約束をして、サンジェルマン大通りで別れた。

娘を亡くした、その心労から救急車で緊急入院をしていたジェーンの遠ざかっていく後姿は、どことなく弱々しく、ゆらゆら左右にゆれながら、人混みのなかに消えていった。

やはりケイトは、母親にもなんの予兆もみせず、パリの夕暮れ時に深い闇の奥に身を投げたのだ。

翌日、モンパルナス墓地には、凍てつく風が吹きつけていた。鈍い風の音が、背後から来て、駆け抜けていく。

ケイトの墓はセルジュ・ゲンズブールの堂々とした墓碑のすぐ脇にあり、すぐにみつかった。まだ新しい盛り土の上には小さな植木鉢がいくつも、あちこちに置かれている。墓石はまだ完成していないようだ。黄水仙、寒椿、パンジー、紙コップに飾られたカラー。「花なんか大嫌い。樹に咲く花なら許せるけど」というケイトの声が聞こえそうだけど、愛する想いを墓前でつたえるには、昔からこれしかない。私は突風でひっくり返った植木鉢をもとに戻しながら、耳をすまして、ケイトのあの笑い声を聴こうとする。上体をそらして、ひくひくと痙攣するように笑っていたケイト。パリのカフェで初めて母親が癌だと私に打ち明けたとき、大きく目を見開いたまま、ぼろぼろ涙を流していたケイト。

秘密を抱えたまま旅立ってしまった友の墓前で、しばらくうずくまったまま、私は立ち上がれなかった。日本に帰国してからも、あの凍えるような墓地の風の音は、長く耳に残った。

女姉妹のなかでも、ケイトは妹シャルロットとは特別深い絆だったように思う。

「どこをみても、そこにはケイトがいるの。こらえ切れないのよ。パリには彼女の思い出があふれていて苦しいの。右岸も左岸も。どうしたらいいか、私にはわからない」

墓参のあと、シャルロットに会ったとき、彼女はそう言った。デリケートな彼女は物事をけっして大袈裟に表現しないと知っている私には、その言葉に微塵の嘘もないことがわかった。一緒にいた末娘のジョーが、「ほら、私がいるでしょう」と言うかのように、シャルロットに抱きついてきたが、彼女は娘の頭を撫でながらも、前髪に隠れたその目は暗く、空虚だった。

シャルロットは、思いがけず道半ばで路上に放り出された者のように、方向を見失ってしまっていた。どちらに進んだらいいかわからない。一歩も前に進み出せず、ただ路傍に立ち止まっていた。それでもシャルロットは行動的だった。「シャルロット・ゲンズブールが姉の死に耐えきれず、パリを離れて、NYに家族と移住」――そんな見出しを雑誌で見たのは、それから数か月後のことだった。

ケイトの死から三年たった二〇一七年の八月末、私はジェーン・バーキンとシャルロット・ゲンズブール母娘、ジェーンの実妹のリンダ・ジョンソンとともに、京都の哲学の道を歩いていた。ジェーンが渋谷オーチャードホールでのコンサートを終えたあと、娘が愛した場所を自分の目でみたいというので、京都行きの準備をして同行することになったのだ。NYから来たシャルロットは、母親の映画を撮りたいと、その旅を撮影するという(二〇二一年に完成したそのドキュメンタリーフィルム『ジェーンとシャルロット』は、シャルロット・ゲンズブールの初監督作品として、カンヌ映画祭で上映された)。

ジェーン・バーキンの家族と交流をするようになってからすでに三〇年の歳月が流れていたので、ほとんどの家族とはすでに顔を合わせていたが、ジェーンの妹で、ケイトの叔母にあたるリンダと会うのは初めてだった。ご夫君はバッキンガム宮殿勤務だったそうで、ジェーンのような女優で歌手、世界的なファッションアイコンの姉がいるとは思えないような、穏やかな英国婦人だった。日本の旅は慣れないようで、ジェーンはなにくれと妹に気を配っていた。

京都に着いた翌朝、宿泊した旅館・俵屋の坪庭のみえる寝室で、ジェーンとリンダは子供のころの話をしてくつろいでいた。しかし、ジェーンは時折腹部を押さえて苦しそうにしている。

Charlotte Gainsbourg
Kate
REST

「大丈夫？」そう聞くとすぐに、気にしないで、という仕草をした。

その日はケイトが好きだった哲学の道をみんなで歩くことになっていたので心配だったが、あまり気にするとジェーンが「私に構わないで」といった強《こわ》ばった表情になるので、そのまま出かけることにした。自分のせいで日程が変更になるのが、彼女には我慢ならないのだ（ケイトの歩んだ道をたどりたい、というその追悼の旅は、プライベートなものなので取材は一切禁止と言っていたジェーンだったが、『婦人画報』だけは許可してくれ、二〇一七年十一月号に掲載された）。

一九九八年に白血病をわずらい、その後は慢性内臓疾患となり、抗がん剤治療も受けていたジェーンの身体は、本当はコンサートをしたり、娘を弔う旅をするどころではなかったのだ。出発する少し前には肺気腫になり、救急車で病院に搬送されたこともあったと言う。それでもジェーンはその日の散策をやめようとはしなかった。途中からシャルロットも宿に合流し、映画撮影のため少しのあいだ母とふたりきりになりたいと言う。俵屋の襖はしばらく閉ざされたままだった。よほど内密な話かもしれないが、体調のすぐれないジェーンが撮影に耐えられるだろうかと気がかりでもあった。それが終わると、私たちは車に乗り込んで、銀閣寺方面に向かった。

早朝から蒸し暑く、哲学の道にも白昼の黄金色の陽光が照りつけている。花見の名所として知られる疏水に沿った土手には、その時期、炎のように赤い彼岸花があちこちに咲いていて、ケイトの鎮魂に相応しい景色だった。

車を降りたジェーンは、一歩一歩進むのも相当苦しそうで、少し歩いてはすぐに立ち止まり、桜の古木にもたれかかり、ケイトが歩いた白く伸びた土手に敷かれた石をみつめている。

世界的な著名人という表の顔ではなく、母親としてまったく素の自分に戻り、親より先に旅立った娘を静かに見送っているジェーンのその姿は痛々しかった。

予定では谷崎潤一郎の墓のある法然院まで土手を歩くつもりだったが、ジェーンの様子をみているとそれはとても無理なので、途中から引き返した。

ケイトが写真展を開催した、誉田屋源兵衛黒蔵にも行った。ジェーンを先導していた私は、入口の辺りで胸苦しくなり立ち止まってしまい、みんなに先に行ってもらう。四年の歳月が流れていても、ケイトの影はまだ生々しく、通路の向こうや蔵の分厚い扉の裏に染みついているように感じられて、息苦しくなったのだ。その場を離れて、私はしばらく路上にしゃがみ込んでいた。

翌日はジェーンの体調もだいぶ回復していた。京都最後の夜は先斗町《ぽんとちょう》の川床の店へ出かける。ケイトの写真展を開催した京都国際写真フェスティバルの主催者リュシィに連絡すると、その店に合流する、と言ってくれた。ほどなくやってきたリュシィは、ジェーンの正面の席に座った。

「初めてのフェスティバルだったので、一回目のゲストフォトグラファーが、ケイト・バリーだったのは、私たちにとって素晴らしいチャンスでした。とても印象深い写真で胸を打たれる写真展でした」

初対面の挨拶もそこそこに、ジェーンをまっすぐにみて、彼女は当時のことを話しはじめた。これまで手がけたことのない大掛かりな国際写真フェスティバルだったので、不安に満ちていたが、ケイトの写真展がどれほど自分たちに勇気を与えたか、と語りだした。

それまで鍋を突っつきながら、これは冬の料理ではないの、などと私に軽口を叩いていたジェーンの表情が、それを聞くとみるみる変わってきて、唇が小刻みに震え出したかと思うと、頬に涙が伝わっていた。

長い付き合いのなかで、ジェーンの涙をみたのは、後にも先にもそのときが初めてだった。

京都先斗町にてジェーンとシャルロットと花街の芸子さんたち
一番奥に妹のリンダと木村宗慎さん［2017年8月］
photo de K. Murakami

テーブルにいた者はだれもが少し困惑して、どうしたらいいかわからず、しばらく無言のまま、ぐつぐつ煮立っている鍋の音を聞いていた。

この京都への追憶の旅は、果たしてジェーンが思い描いた通りだっただろうか、気に入ってもらえたのだろうか、私には自信がない。

それでも、ジェーンから私に向かって投げられたボールの球は、思いを込めて彼女に返したつもりだった。

パリに戻ったジェーンから、お礼のメールがきたが、末尾にはこう記されていた。

　あなたが心配するから言わなかったけど、日本まで旅をしていいかどうか、かかりつけの医師に聞いたら絶対に止められると思ったから、いつもの医師ではなく、SOSメドゥサン〈緊急時に往診する医者〉にみてもらっただけだったの。

出発直前に肺気腫で危険な状態に陥ったジェーンが、日本に行きたいという一心から、かかりつけの医者に相談もせず、軽い応急処置をする医者にみてもらっただけで、文字通り命懸けで来日していたことをそのとき初めて知った。

ケイトが他界して十年を経た現在、私は東京を離れて、鎌倉の海辺の古民家に住んでいる。

昼過ぎから吹き始めた風が、ガラス窓に当たる音がしている。今、私の膝の上には、尻尾に顔を隠した「ピカビア」が、低くいびきをかきながら眠りこけている。

あのときパリでケイトに説得されて、新しい猫を受け入れる約束をしたので、帰国後、ケイトの贈り物と同じ猫種を探した。今年で十五歳になるアメリカン・カールの雄猫の「ピカビア」だ。ケイトが唯一私にのこしてくれたこの生あたたかいグレイの、まるいぬくもりと暮らしている。

次女　シャルロット・ゲンズブール

シャルロット・ゲンズブールがホテル・アマン東京に投宿していたのは、二〇一七年春だった。東京に来ているから会いたい、という連絡がきたので、早速翌日会うことにする。

大手町のタワービルの最上階にある豪華ホテル、アマン東京のスイートルームは、木質の壁に、黒を施した落ち着いた雰囲気の内装で、和風とコンテンポラリーな空間とが心地よく融合していて、いかにも一流ホテルの品格を漂わせていた。

シャルロットの部屋のベッドカバーの上や、椅子やカーペット、あちこちに大きなサンローランのショッピングバッグが散乱していたが、それらは買ってきたものではなく、メゾンの広報からパーティーの夜にシャルロットに着てほしい、と届けられたものだった。高いヒールのブーツが紙袋からはみ出している。

ここが、アマンのスイートルームなのね。

好き、この部屋？

そうね、まあ、悪くない。

負け惜しみで私がそう答えると、シャルロットは笑っていた。


前夜到着したというシャルロットと階下のロビーで積もる話をしていたのだが、その日はフリーだからショッピングに出ようということになった。外に出るなら、ブルゾンを取りに部屋に戻る、と彼女は言う。

部屋、みる？

そのときシャルロットにそう言われなかったら、無論ついてはいかなかった。ホテルはオープンして間もないので、まだ部屋をみたことがなく、興味はあった。ロビーはいかにも重厚で、高級感にあふれていたが、なんとなく落ち着かない場所だし、部屋はどうなのだろう。そう思って、ついていった。

今回は女優として来日したのか、ミュージシャンとして来たのか。おそらく憧れのセレブリティーとして招待されたのだろう。一夜のパーティーのスペシャルゲストとして出席するためだけに来日した、というのだから豪勢な旅だ。


そのブルゾン、素敵ね。

部屋を出て、また先刻のホテルのロビーを通りかかると、つい背後から彼女にそう声をかけてしまう。ゆったりしたサイズだし、絹のような感触で着心地もよさそうだ。

うん、大好きだけど、これ、だいぶ前のコレクションなのよ。ハイダー（・アッカーマン）のものなの。

シャルロットがその日ジーンズの上に何気なく羽織った、ロング丈のワインカラーのブルゾンは、なかなか素敵だった。

ハイダーはいいわね。私も大好き。それ、着なくなったら、くれる？

うん、と彼女は無気力な返事だった。

冗談半分で言ったのだが、どうやら手放したくない様子がありありとしている。

シャルロットとショッピングに出かけるとは思っていなかったので、どこに連れていこうかと少し迷っていた。

私、ここに行きたいの。

エレベータのなかで、彼女が小さな雑誌の切り抜きをみせてくれたので、ほっとする。

モンベル？

その記事には近くの京橋の店の住所が書かれていて、それはいわゆる日本ではアメカジと言われるアメリカン・カジュアルの店だった。

一夜のパーティーのために来日し、豪華ホテルから出てきたセレブにしてはあまりにもカジュアルなショップだと思ったので、ちょっと怪訝な顔をしていると、「次の映画でね、私ジョギング・ウエアを着る場面があるのよ。パリに着いてすぐ撮影に入るから、買いにいく時間がないの」と彼女は説明する。

京橋のモンベルでショッピング
photo par K. Murakami

ホテルのエントランスを出ると、いかにもセレブ御用達といった黒塗りのリムジンがすうっと、私たちの前に滑走してきた。

モンベルにはすぐに着き、どうやらそのブランドに詳しいらしいシャルロットは、新しいコレクションのものからてきぱきと選びはじめている。ありとあらゆることに、自分の趣味趣向やこだわりを主張する彼女のことだから、どんなに映画のなかで着るカジュアルな服装だとしても、手抜きはしたくないのだろう。

車中彼女と話しているうちに、やっと色々な行き先が頭に浮かんでくる。そういえばギンザシックスとドーバーストリートマーケットギンザというファッションビルが、銀座にオープンしたのを思い出した。

銀座界隈でも一段と華やいだガラス貼りのタワービル、ギンザシックスのウインドーには、ディオール、セリーヌ、そしてパーティードレスが部屋に届いていたサンローラン、といった大手ブランドがずらりと並んでいたが、どこもニューヨークにもパリにも店があるので、彼女はさっさと通り抜けていく。次に立ち寄ったドーバーストリートマーケットギンザでは、お気に入りの日本のブランド、サカイがみつかったので、目を輝かせていた。サカイはニューヨークでも、人気のようだ。

このニット、いいね。

似合いそうよ。着てみる？

ハイダーのブルゾンを脱いだ彼女がサカイのニットを試着している間に、ふとシャルロットをサカイのデザイナー、阿部千登勢さんのアトリエに連れていってみたらどうだろう、と思いついた。そうすれば一挙に全コレクションをみることができる。

早速、千登勢さんの携帯に電話を入れてみる。

今ね、シャルロット・ゲンズブールと一緒にいるの。ドーバーストリートマーケットギンザでサカイをみているけど、これから彼女をそっちのアトリエに連れていっていい？

ずいぶん唐突なお願いだから、多忙な千登勢さんがどう返事をするか心配だったが、電話の向こうからは、思いがけず弾けるような声で、大はしゃぎな様子が伝わってくる。

えっ　ほんと？　シャルロットが、来日してるの？　私のミューズ、憧れのひとよ。だあい好き。待ってるから来て、来て。


私たちが到着すると、根津美術館に近い南青山にある、普段はサカイの展示会場になっているサロンに、数名のスタッフたちに囲まれて千登勢さんがいた。

シャルロット！

彼女は駆け寄ってきて、シャルロットをぎゅっと抱きしめた。

私のミューズ、大好きなミューズ。デザインを始めたころから、これをシャルロット・ゲンズブールが着たらどうだろう、ってよく想像したものだわ。信じられない！

シャルロットはきょとんとしている。

サカイの阿部千登勢さんとシャルロット〔2017年〕
photo par K. Murakami

もう、なんて素敵なの。本当に可愛いわね。

千登勢さんはいつまでも彼女を離さず、ついにはシャルロットの頬にキスをしていた。それから、さあ、私のコレクションをみてね、好きなものがあったら、それはあなたのものよ、と言いながら、白い壁側にずらりと並んだハンガーラックを指差した。

どうやらそのときになって私が彼女を連れてきたことを思い出したらしく、カスミコさんも好きなものを選んでね、と声をかけてくれたので、私もサカイを手に取ってみはじめた。

シャルロットは本来興味がないものにはまるで素っ気ないし、ともかくまっすぐな性格なので、そのままの気持ちがよくわかった。そのときばかりは、そんなにおびただしい数のサカイのコレクションをまとめてみたことがなかったらしく、夢中になっていた。とはいえやはりデザイナーやスタッフがみている前で試着するのは、気が引けるらしく、少しはにかみながらいくつか選んでいる。

にぎやかなサカイ・チームに別れを告げてアトリエを出ると、近くの「アート&サイエンス」に立ち寄ったりしながらショッピングを続けた。夕食は私の行きつけの、神宮前にある「ごはんやパロル」という家庭料理の店に行ってみる。小さな店だが、とても居心地がよく、近くの「ほぼ日刊イトイ新聞」のスタッフや、写真家や編集者やアーティストたちが出入りしていた。食器は黒田泰蔵の白磁の皿や小鉢だし、繊細な味の料理は、口うるさい食通の間でもなかなか定評があるところだ。女店主の桜井莞子《えみこ》さんは料理本『食通が足しげく通う店　PAROLEのおかず帖』を出していて、その帯には「しみじみおいしい家庭料理」と書かれ、吉本ばななが推薦文を書いていたと思う。どこか懐かしく、ほっとする味なのだ。

ブロッコリーのおひたしや、みょうがや青じそたっぷりの鯛のカルパッチョなどを私と食べていたシャルロットが、ふいに立ち上がると、これ、どうやって作るの？　と言い出して、厨房の奥を覗きにいった。よほど料理が気に入ったらしい。

シャルロットは何度も来日しているので、何年前のことだったか今では記憶も定かでないが、あるとき浅草や千駄木、谷中方面まで、足を伸ばしたこともあった。

外国人はあまりいない浅草の老舗の名店・駒形どぜうに食べにいったときは、シャルロットは客が床に座って食べている昔ながらの風情に、ぽかんとして見惚れていた。どぜうってなに？と言うので、ポワソン・シャ（poisson chat）よ、と答えたが、それでも何なのかわからないようなので、うなぎに髭《ひげ》がついたのよ、というと、うなぎは大好きだから、ま、いいや、と言いながら、七輪の上のどぜうを箸の先でつんつんと突ついてから、恐る恐る頬張っている。つるりとした丸い膝を出して正座したそのときのシャルロットの、ちょっと澄ました表情が面白く、写真を撮ったのを覚えている。周囲の客たちも、真剣な顔で正座している素敵な外国人の様子が微笑ましいらしく、若いカップルが彼女のほうをちらちらみていた。もしかしたらシャルロット・ゲンズブールだと気づいたのかもしれない。

駒形どぜう浅草本店にて
photo par K. Murakami

千駄木界隈の寺社は、神社仏閣の建築が、一般家屋と異なり、永年培った宮大工の伝統の技法で建てられているせいか、一〇〇年前の関東大震災にも耐えた寺が、今も点々と残されている。フランスから友人が来ると、私は大抵いつもその辺りに連れていくことにしていた。

あるとき谷中銀座の商店街から、だんだん坂を下って、千駄木の路地裏をシャルロットと散策しながら、お互いの家族の話をしたことがあった。シャルロットは、異父姉の自死の翌年から、ケイトとの思い出の場所が街のあちこちにあるパリを離れて、ニューヨークに移住していた。彼女と話していると、やはりどうしても家族の話になってしまう。だんだん坂で、ケイトと一緒にこの道を歩いたのよと言うと、商店街のあちこちの屋根に飾られた木彫りの猫を見上げていた彼女は、感慨深そうにしていた。

ちょうどそのころ仕事でパリへ行き、帰ってきたばかりだったので、向こうであなたのママンに会ってきた、と話しはじめた。

どんなこと?

パリですごく面白いことがあったの。

あなたのママンとね、ミシェルの家に夕食に行こうとして、タクシーを呼んだの。いつものように。

ママンの友達のミシェルね。

そう、マレ地区に住んでいる文化庁の人。タクシーが来たから、ドリィー（ジェーンの愛犬のフレンチ・ブルドッグ）を連れてジェーンが車に乗り込もうとしたら、運転手が険しい顔をして、犬は駄目だよ、トランクのなかに入れてくれ、と言ってトランクを開けたの。

ふん、ふん、シャルロットは気のない返事をしていた。

あなたのママンは、ちょっと考え込んでから、だったらわたしがトランクに入ります、と冷静な声で言うと、ドリィーのリードを私に渡して、自分がトランクに入ろうとして足を上げていたの。それをみた運転手は、ちょっと待ってくれ、もう、いいよ。トランクに入るのだけは止《や》めて、犬と一緒に座席に戻ってくれ、と言ったの。あなたのママンって、最高よ。一緒にいるといつだって何かハプニングが起きるし、それもとんでもない出来事ばかり。シナリオなんかいらないから、ジェーンの日常を、ありのままに映画化したら、素晴らしく楽しい映画になると思う。絶対うけるわよ。本当にこうやってトランクに足をかけていたのよ。びっくりしたわ。

夢中になって身振り手振りで話していたのだが、ふとみるとシャルロットはまったく笑っていない。子供のころからおそらく母親のそうしたパフォーマンスを嫌になるほどみてきたに違いない娘としては、母親は相変わらず大袈裟だな、という反応でしかなかったのだ。

あなたのママンはどんなひとだったの？　どんな関係だった？

唐突にシャルロットが私にそう問いかけてきたので、普段自分の家族の話をしたことがない私は少し面食らった。

歌人だった私の母は、日本ではまだ女性が四年制の大学に行くのが珍しかった昭和初期に、親の反対を押し切って東京女子大の国文科に行き、卒業後は親の選んだ相手との結婚を拒んで、家を飛び出し、自分の好きな相手と結婚した。ところがそんな父が家庭放棄をしてしまい、残された文学かぶれの母は実家に帰ることもできず、相当苦労していたのを子供心にも理解していた。そうね、母との関係は悪くはなかったけど、小さいころはね、いつも家にいてくれるような、そんな普通のお母さんにちょっと憧れてたかな。

自分でも予期しないことだったが、シャルロットについそんな話をしてしまった。すると、黙ってそれを聞いていたシャルロットが、ふいに私をハグしてきたので驚く。

両親はフランスを象徴する国民的大スター、という常に脚光を浴びる芸能人の環境で育っているシャルロットも、もしかしたらリセの級友の母親のように、普通の主婦だったらどんなによかっただろう、と思ったことがあったのだろうか。

有名人の親を持つということは、それなりに相当の負荷がかかるに違いないし、色々と大変な目にも遭っているだろう。そう思うと、私のなかにも彼女に対して、何かあたたかい感情が生まれてきた。

それから少し考え込んでいたシャルロットが、私ね、友達がいないの。でももうそれにも慣れっこだけど、と言って、ふふんと鼻先で笑っている。そしてすぐまたいつもの、どこか意地っぱりで、なまいきシャルロットの顔に戻ると、立ち止まっていた私を、さあ、行こうよ、と急かした。

私に母娘関係まで聞いたくらいだから、よほど母親との関係に何か大きなこだわりを持っているに違いない。もしかしたらそのころからすでに、母ジェーン・バーキンのドキュメンタリー映画を撮りたい、と考えていたのかもしれなかった。

シャルロットといると、どうしても思い出してしまう場面がある。

Charlotte Gainsbourg
César du meilleur espoir féminin 1986
Archive INA

それは私がパリで雑誌社の仕事をしていた一九八〇年代半ばにジェーンの家に取材に行っていたころ、ふいにサロンに入ってきて初めてシャルロットをみかけたときではなく、それよりも強く印象に残っている記憶だ。パリに来て間もない一九八六年に、フランスではアカデミー賞に匹敵するセザール賞を受けたシャルロットが、受賞のトロフィーを受けながら、舞台で泣きじゃくっていた姿だった。

クロード・ミレール監督の映画『なまいきシャルロット』に出演して、監督からは「彼女はモーツァルトだ。天賦の才能を持った女優と言える」と絶賛され、セザール賞で有望若手女優賞を受賞した夜、彼女はまだ十四歳のあどけない少女だった。「セザール賞の夜」と言われるその授賞式の中継を、私は自宅のテレビでみていた。会場では父セルジュ・ゲンズブールと母ジェーン・バーキンに挟まれた席に彼女は座っていて、その隣に異父姉のケイトがいた。受賞が発表されると、鼻の上まで長く伸びた前髪の奥で、シャルロットの瞳はきらきら輝きだし、やがてそこから大粒の涙が溢れてきた。

隣席のジェーン、セルジュ、ケイトにキスをして、舞台に上がったシャルロットは、マイクの前でも顔をくしゃくしゃにしたまま、大泣きが止まらず、やっとの思いで途切れ途切れに、振り絞るような声でメルシー・ボークーと言った。その愛らしい顔をみて、フランス中の視聴者は心を奪われたと思う。私もそのひとりだったのだ。

セザール賞の授賞式のころ、ジェーンはすでにセルジュとは別れて、ジャック・ドワイヨン監督と暮らしていた時期だった。その夜は二人の愛娘シャルロットのために、別れたふたりは揃って顔を出していたが、肩は並べずに、間にシャルロットを挟んで座っていた。仕事で会うことはあっても、やはり別れた男女はどこか微妙なものがあったのだろう。

フランスの大スターを両親に持つ娘が、まだほんの十四歳で最優秀の新人女優として認められ、フランス中が祝福した夜だったのに、当のシャルロットは、ひどく怯えたような表情で、じっとうつむいて泣いていた姿が記憶に残っている。

あのころの私って対人恐怖症だったと思う。自分のなかに閉じこもっていたの。

後年シャルロットは十代のころの自分を振り返って、そう言っていたが、だったらどうして人前に出る女優という職業を選んだのだろう。

最初は父に背中を押されて、言われるままに〈レモン・アンセスト〉を歌った。その後は母に、エリィ・シュラキ監督がオーディションをするそうだから、行ってみたらと勧められて、その通りにした、という。そういったことが何度か続いたのだろう。

いわゆる芸能界の二世には、よくありがちな環境だったのかもしれない。〈レモン・アンセスト〉でも、消え入りそうな声だったし、おそらく父親の操り人形みたいだったのだろう。

「セザール賞の夜」のころは私もまだ日本の出版社の依頼でパリ支局に赴任したばかりだったが、それから数年後、何度かインタヴューしたジェーン・バーキンに頼まれて、長女で写真家、ケイト・バリーと一緒に仕事をするようになり、シャルロットをモデルに何度もスタジオで撮影した。そして『フィガロジャポン』のため、シャルロットとケイト、女優と写真家と一緒にブルターニュに行き、ジェーンの別荘でシャルロットを撮影したこともあった。

そのころからすでにシャルロットは注目の若手女優だったし、こちらからは気軽に近づけない存在だった。彼女の家に夕食にいくときも、いつもケイトと一緒だったし、おそらくシャルロットにとっては、当時の私は異父姉の仕事仲間に過ぎなかったと思う。

そんな彼女が私と打ち解けるようになったのは、やはりケイトの死後だったような気がする。

Serge Gainsbourg et Charlotte Gainsbourg
Lemon Incest

事件から数年後、東京で再会したとき、私たちはただ黙って抱き合ったものだ。彼女のぬくもりが静かに伝わってきて、言葉は何も要らなかった。

そしてそのとき以来私はまるで亡くなったケイトになりかわったように、シャルロットへの特別な愛着を持つようになったし、それは今も変わっていない。

セルジュは娘シャルロットのことを「森のなかに咲く一輪の野生の蘭の花」と表現していたそうだが、繊細で感性豊かなのに、実は半端ではない頑固者で、子供のころから周囲に惑わされることなく、親とは異なる自分なりの考えをしっかりと持っていた。

それは彼女が選んだパートナーをみれば、一目瞭然と言える。

一九八九年、十八歳の夏に彼女が恋をした相手は、実は父セルジュ・ゲンズブールとは正反対の穏和な性格で、現実を直視するタイプの新人男優、六歳年上のイヴァン・アタルだったのだ。『愛さずにはいられない』の撮影で出会ったのだが、もともと演出家になりたかったイヴァンは、その映画のスタッフとして手伝うはずが、エリック・ロシャン監督に乞われて男優として出演することになったそうだ。イヴァンの両親は、北アフリカのアルジェリア出身で、アルジェリア戦争の後、他の多くのユダヤ人とともにイスラエルのテルアビブに移住し、キブツで暮らしていた。その後、イヴァンがまだ幼いころにフランスに移り、パリ近郊クレティユに住み始めたという。移民としての幾多の困難を乗り越えてきた苦労人の親をみて育ったイヴァンと、生まれたときから両親は華やかな芸能人だったシャルロット、ふたりはまるで対極の環境だった。それでも自閉症気味だったシャルロットにとっては、同世代の男の子たちより、ずっと大人びた雰囲気のイヴァンは、頼り甲斐があるようにみえたのだろう。

Charlotte Gainsbourg
CHARLOTTE FOR EVER
ALBUM JACKET

一夜のパーティーのためにシャルロットが来日したその同じ年の夏、シャルロットから、東京で母親の映画を撮影をするから手伝ってほしい、とニューヨークから突然メールがきた。パリのジェーン・バーキンからも、渋谷のオーチャードホールでコンサートをするから八月半ばに来日する、という知らせが来ていた。パリとニューヨークにいる母娘は珍しく東京で会うらしい。

当初は雑誌か何かに依頼されて、娘が母を撮影する程度のものかと軽く思っていたが、日本に住むフランス人の映画技師に連絡してほしい、と言ってきたりしたので、どうやら本格的なドキュメンタリー映画の撮影なのだとわかってきた。シャルロットが初監督に挑むようだ。テーマは母娘関係らしいし、以前の私との会話でもとても関心を示していたので、おそらくずっと前から彼女の心のどこかに引っかかっていた主題だったのだろう。シナリオはあるの？と聞いたが、はっきりした返事はなかった。

ジェーンからは、渋谷のオーチャードホールでの一夜限りの東京公演が終わったら、その後京都へ行き、娘ケイトが最後に旅をした古都を訪れたい、と言ってきたので、一緒に京都に行く約束をしていた。京都での宿・俵屋の予約をしたり、知人で茶道家の木村宗慎さんに、応援を頼んだりして準備を始めた。娘に先立たれた母親として、自分が病身なのも顧みず、なんとかして京都へ行き、鎮魂の旅をしたい、という強い気持ちが伝わってきたので、私もできる限りのことはしたいと思った。

実は正直なところ、ケイトが亡くなってから四年が経っていたが、ケイトとふたりで歩いた京都の町並みを彼女の母親と歩くのは心が重く、いささか憂鬱だった。それでもケイトと歩いた道をジェーンに案内できるのは、私しかいなかった。

こうして二〇一七年八月、私は羽田空港でパリからの一行を待っていた。到着ロビーの出口がざわつき始め、どうやらみんなの乗った搭乗機が到着して、旅客たちが出てきているようだ。先頭の一団のなかに、長身の女性ふたりが、ゆったりとした足取りで談笑しながら歩いてくるのがみえた。ジェーンと連れの女性だった。

私の妹のリンダよ。よろしくね、とジェーンが言うと、初めまして、とてもこの旅を楽しみにしていたの、と彼女は微笑みかける。優しく、柔らかい声だった。バーキン家の女性たちは、みんな声が透き通っているようだ。

髪の色、変えたのね。

ふたりの後ろで、細身のシャルロットが笑いながら私の髪型をみていた。彼女はニューヨークからパリに行き、母と合流して日本に来たという。

あ、私の髪の色? ちょっとだけね。少し照れくさくなって、そう言い訳をする。

ふふっ、シャルロットはいつものくすくす笑いをしていた。たしかにそのころの私は、髪の色をブラウンの濃淡にしたりして、現在の白髪に到達するまで、相当抵抗していた。少し変えただけなのに、どうやらシャルロットは、再会してすぐ目ざとく気づいていた。

到着した一行のなかには、パリの辣腕エージェントとして知られるヴィジトゥール・デュ・ソワールの代表で、ジェーンのマネージメントをしているオリヴィエ・グルズマンの顔もあった。彼はシャーロット・ランプリングのマネージャーもしている。その賑やかな集団を、ミニバスに案内すると、ジェーンのお気に入りの、神楽坂にあるレトロなプティ・ホテル「アグネス」にみんなで向かった。

そのときの私は、別段母娘に仕事として頼まれたわけでもなく、ただ友人として、または地元のお節介おばさんとして、一行の世話をしていた。そしていったん到着すると、単に案内人というだけでなく、いつの間にかシャルロットの撮影アシスタントも兼ねることになった。

一体どんな映画になるのか、なんの説明もなかったし、日本に来る前は、あなたならどんな場所で撮影したい？　写真があったら送ってくれないかな、といったメールがシャルロットから頻繁にきていた。そのたびにどんな場所が彼女に気に入るのか方向性もわからないまま、ネットで探したサイトをメールに貼り付けて送っていた。

蓋を開けてみるまで、何もわからないスタートだったが、映画の主役となるジェーンは、旅の疲れもなく体調は至って良好らしく、翌日はリハーサルに行くと張り切っていたので、私も一安心した。ジェーンの今回のコンサートは「シンフォニック、バーキン＆ゲンズブール」というタイトルで、東京フィルハーモニー交響楽団をバックにして歌うのだが、日本の楽団とは初共演だというのに、本人はさほど心配している様子もみられなかった。

東日本大震災のチャリティー・コンサートのとき日本人のピアニストで作曲家の中島ノブユキさんがバンドに加わったこともあり、彼への信頼も篤いので、ジェーンも日本公演に関しては安心していられるのかもしれない。

その夜は牛込神楽坂の「さいめ」という小さな創作料理の店に一行を連れていった。素朴な土鍋で自然の野菜をグリルする料理がとても気に入ったジェーンは、長旅の後とは思えないくらいに機嫌よく食事をしていた。夕食後、渋谷のトランクホテルに泊まっていたシャルロットのためにタクシーを呼ぼうとしていると、ホテルまで歩いて帰るから要らないという。夜も遅いので、私が心配していると、携帯電話のグーグル・マップをひらひらさせながら、これがあるから大丈夫よ、と言って渋谷方面にスニーカーですたすたと歩き出した。普段からニューヨークでウォーキングでもしているのだろうか。

翌日はみんなとオーチャードホールの楽屋で顔を合わせたが、コンサートが目前なので、やはり誰もが少し落ち着かなくなり、ジェーンもスタッフたちもどこか張り詰めた感じになっていた。すでに午前中から、楽屋の出口には、どうやらシャルロットの熱狂的な若いファンたちが出待ちをしていて、彼女を一目見ようとたむろしていた。母親のコンサートにシャルロットも同行しているというニュースが流れていたからだという。

シャルロットがどんな映画を作るつもりなのか皆目わからなくても、彼女の鋭い感性からして、ありきたりなものでないことだけはたしかだ。そう信じていたので、できるだけのことはしたいと思っていたのだが、初日の朝から、私とシャルロットは楽屋の通路の片隅で、暗い顔をして対峙していた。

だってあなたがいい、と言ったから、わざわざ黒沢清監督に来てもらったのよ。

いくら私がそう言っても、彼女は意固地になっていた。

今朝は無理、絶対に無理なのよ、と繰り返すだけだ。

昨夜はあんなに嬉しそうに「さいめ」で野菜のグリルを頬張っていたのに、翌朝はひどくふさぎ込んで閉ざされた表情をしている。

今になってそんなことを言うなんて、困ってしまう。だったら私は監督にどう言ったらいいの？

知らない。シャルロットは視線を逸らしたままそう呟いた。

監督、もう渋谷まで来てるって。

Birkin & Gainsbourg
LE SYMPHONIQUE
ALBUM JACKET

私は携帯電話をちらっとみながらそう言った。今朝のシャルロットは一体どうしたというのだろう。頑なに自分の殻に閉じこもり、返事をするのも億劫そうだ。

その企画を提案したのは私だった。母親のドキュメンタリーを撮るとしても、せっかく東京に来ているのだから、日本の文化人が登場するのも悪くないだろう。それで、中沢新一さんに築地市場を案内してもらい、映画界ではフランスの映画ファンに絶大な人気の黒沢清監督に来てもらうことになっていた。当初はシャルロットも面白がって乗り気だったのに、土壇場で今朝は誰にも会えない、と言い出した。

いくら説得しようとしても、埒があかないと察したので、私も話を切り上げ、オーチャードホールの裏口に小走りで向かった。そしてフランスでは「キヨシズム」と言われて、その作風には熱狂的ファンの多い黒沢清監督に平身低頭して、今思い出しても冷や汗の出る場面を敢えてするしかなかった。

初日からこれでは、先が思いやられる。それが撮影初日の正直な気持ちだった。

コンサートも無事に終わり、翌日はみんなを連れて湘南へ行き、一九三七年(昭和十二年)から小津安二郎監督の定宿となり、そこに長逗留をして『父ありき』などの脚本を執筆したという茅ヶ崎館に向かった(最近は是枝裕和監督が脚本を書くときにこの宿を使っているという)。

少し前にシャルロットから、母とふたりでじっくり話し合う場所をみつけてほしい、と言われて思いついたのがその旅館だった。明治末期に建てられた建物は、レトロな感じをそのまま残していて、いかにも湘南別荘風の屋敷だし、庭先の裏口から出ると海辺なので、小津映画の映像のなかにいるような錯覚を覚える。

帝国ホテルの茶室で茶道初体験のシャルロット
photo par K. Murakami

次女 シャルロット・ゲンズブール

案内された部屋に入ると、シャルロットが今日はとても大事な場面なので、ママンと家族の話をするから自分とキャメラマンだけにして欲しい、と言い出したので私たちは全員部屋を出た。

閉ざされた部屋は静まり返っている。母娘は何を話しているのだろうか。私たちはピアノの置かれたサロンに移動したが、なんとなく落ち着かず、リンダと話していても私も上の空だった。

しばらくするとジェーンが、ひどく感情の昂《たかぶ》った表情で部屋から出てきて、少しばかり涙目のようにみえた。

何があったのだろう。

シャルロットも出てきたが、陰鬱な感じで黙り込んでいる。

あとで聞いたのだが、どうやらシャルロットは自分が幼かったころの話を持ち出して、当時の母親の心境を聞き出すために細かいことを根掘り葉掘り聞いてきたので、ジェーンはすっかり落ち込んでしまったようだ。

ともかくただならない雰囲気だったのは確かだ。ジェーンが近くにいた人に、まるで警察の尋問みたいだった、と言っているのが耳に入った。

実はシャルロットは今回の撮影のためにシナリオを準備していて、分厚いノートにぎっしりと母への質問を書き記してきていたことを後で知った。ところがジェーンのほうは、単に日本滞在の旅のドキュメンタリーだと思い、気軽に引き受けていたので、娘から過去に遡って細かく詮索されるとは思ってもいなかったのだ。

茅ヶ崎から戻ると、娘が生前歩いた京都での足跡をなぞりたいというジェーンのレクイエムの旅に出かけた。投宿先の俵屋の母親の部屋で、再び二人だけで、長時間こもって撮影した日もあったが、それ以外は一緒にいても、シャルロットは母親にほとんどキャメラを向けなくなっていた。

映画を撮影すると言うので、私のほうでもケイトと歩いた場所だけでなく、色々歴史的な建物を選んで撮影許可を取っていたのだが、どうやら、シャルロットはもう自分のドキュメンタリー映画への関心を失ってしまったようだった。

茶道や和菓子の著書を出し、京都の茶人として知られる木村宗慎さんのおかげで、千利休ゆかりの名刹、大徳寺のなかでも非公開塔頭の玉林院の茶室で、木村さんが開かれる茶会に参加する手筈も整えてもらっていた。前日、茶道は日本ではとても伝統的なセレモニーなのでカジュアルな服装では困ると言っておいたのだが、自由な母娘にはそんな決まりは通じなかった。

翌日は二人とも相変わらずのTシャツにジーンズや黒いパンツ姿のままで、茶室に入ってもシャルロットは黒いキャスケットをかぶったままだし、ジェーンの着古したTシャツは虫食いでよれよれになっていた。よほど愛着のあるものらしく、亡き父親の形見だと言い、彼女にとってはそれが正装のようだった。

京都玉林院での茶会に参加する「正装」〔2017年8月〕
シャルロット、ジェーン、リンダ
photo par K. Murakami

どんな状況でも、周囲の人たちに左右されず、自分の気に入ったものを着るという、ジェーンのおしゃれ哲学の真骨頂だった。ありのままの平常心でいるというのは、どこか茶道に通じるところがあるのかもしれない。茶会を開いてもらった木村宗慎さんやそのお弟子さんたちの手前、最初は申し訳ない気持で一杯だったが、その反面、そこまで自分たちの意志を貫く誇り高い母娘にどこかで感服してしまっていたのも事実だった。

こうした短い京都滞在が終わると、ジェーンたちはパリへ、シャルロットはニューヨークの自宅へと帰っていき、シャルロットから自作の映画についての連絡はぱったり途絶えた。

その翌年の春だった。シャルロットから、四月に東京でコンサートをするので、子供たちの父イヴァンや末娘のジョーを連れて来日すると連絡があった。そのときふと、シャルロットの来日に合わせて、ケイト・バリーの写真展を東京で開催したらどうだろうと思いついた。原宿にある書店兼ギャラリーの「ブックマーク」（マーク・ジェイコブスのブックショップ）に聞いてみると、運良くその時期空いている、と言われ、パリのケイトの写真エージェントからも承諾を得た。

東京滞在中に写真展を開いたら、オープニングにはシャルロットのファミリーが来てくれるかもしれない。そうすれば人も集まるだろうし、にぎやかになるだろう。漠然とそんなことを夢描いていた。だが実際に準備を始めてみると、十三枚の写真からなる小さな個展だったが、写真の現像や額装など素人の私にはなかなか手に負えず、「ブックマーク」のディレクター・持田剛さんが手伝ってくれなかったら到底実現不可能だった。

それはかつての同僚だったケイトへの、私からのささやかな贈り物だった。

マーク・ジェイコブスの「ブックマーク」でケイト・バリーの写真展
オープニングにはシャルロット、イヴァン・アタル、末娘のジョーも
訪れた〔2018年4月〕
photo par K. Murakami

シャルロット、どこにいるの？

写真展の開幕当日、シャルロットがなかなかギャラリーに現われないので、心配になった私は何度も電話をしていた。やっとつかまったと思ったら、のんびりしたいつもの声で、お店で、おもちゃを見てるの、と言う。

おもちゃ？　もうすぐオープニングよ。

ここは、えーとキディーランドというところ。子供たちのお土産を買ってるの。

ギャラリーから目と鼻の先にある店だった。

迎えにいくから、キディーランドの前に出ていてくれない？

ギャラリーの前はすでに長蛇の列ができて黒山の人だかりだったので、はらはらしていた。ケイト・バリー写真展開催の情報は実はツイッターで二回ほど告知しただけだった。シャルロットが来場するかもしれないとは書いたが、私の告知などよほどコアな人しか見つけられないだろう。そう思っていたのに、いざ当日になってみると、シャルロットの熱狂的なファンが日本中から集まってきていた。なかには京都や九州のほうから来てくれた人もいたという。

電話の後すぐに表参道の歩道橋を渡ると、キディーランド前に立っていた親子をみつけた。人混みをかき分け、やっとのことでシャルロットとイヴァン、そしてジョーを会場に連れてくる。彼女に短いスピーチをしてもらうことになっていたのだ。

写真展にはベッドのなかで寝ぼけ眼のシャルロットをケイトが撮った写真も展示されていて、それは家族だからこそ撮れた貴重な一枚だった。その会場でシャルロットがマイクでスピーチするという出来事に、私はすっかり気持ちが舞い上がっていた。

原宿の「ブックマーク」にて開催された
ケイト・バリー写真展のカタログの表紙
photo©Kate Barry

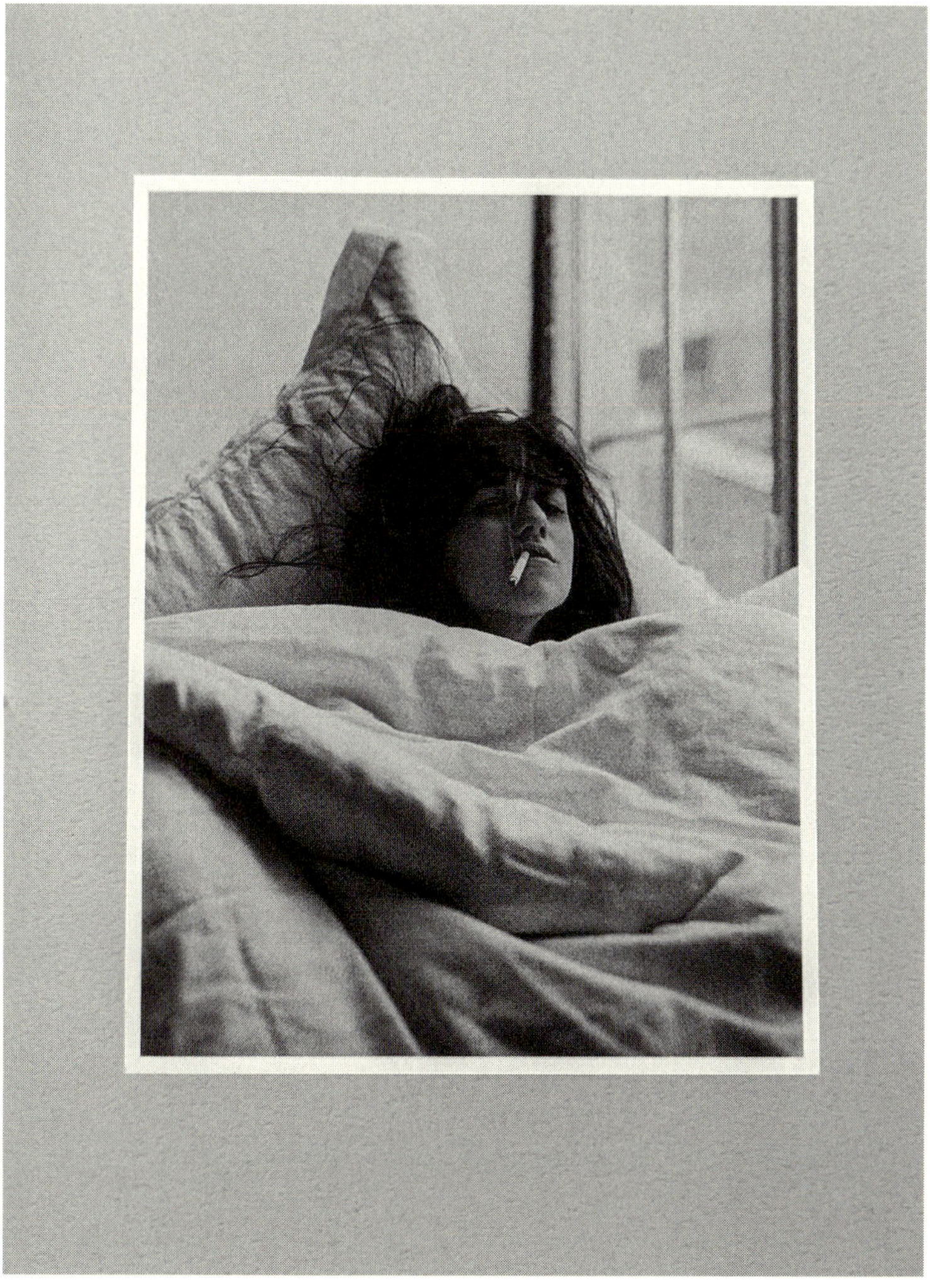

次女 シャルロット・ゲンズブール

ところがふと彼女をみると、両手にキディーランドのショッピングバッグをさげている。ちょっと待って。あわてて駆けより、私がそれを取ろうとすると、いいよ、私が持ってるから、とシャルロットが澄ました顔で言う。それでも無理矢理取り上げた。

白のTシャツにジーンズ、白のスニーカー姿のシャルロットは、なぜ？ と不思議そうな顔で私のほうをみている。常に自然体が彼女のスタイルだし、それが美意識なのは知っていても、その夜のとっておきのスペシャルゲストがキディーランドの袋をいくつも手にさげてスピーチするのは主催者として避けたかったのだ。

ところがその直後だった。突然屈強な男性たちが近づいてきて——これではあまりにも危険です。小さな子供もいるし、誰かが倒れたら、どうするのですか。大変なことになります、すぐここから退去するように、と告げられた。何が起きたのかわからなかった。そんなの無理です、とつぶやいていたのだが、ギャラリーは地下にあるし、もし何かがあった場合、確かに逃げ場がない。地下の階段にもぎっしり人が押しかけている。当時六歳のシャルロットの娘ジョーもいるので、その場は言われたとおりにするしかなかった。

外に出て、ギャラリーの入口でシャルロットに話してもらおうかとも思ったが、そうなればもっと人が集まり、交通遮断になりかねない。

ともかくシャルロットとジョーとイヴァンを外に連れ出すだけで、私には精一杯だった。

翌日再びギャラリーにやってきたシャルロットとイヴァンが、改まった表情で、亡くなったケイトに代わってあなたにお礼を言いにきた、と言ってくれたときはめっぽう嬉しかった。

三人の滞在中、何度もレストラン手配係をしていた私は家族を都内のあちこちの店に連れていっていた。子連れというだけでなく、親たちは舌が肥えているので、店の選択には気を遣った。コンテンポラリーアートの美術評論家・吉井仁実さんが六本木のギャラリー脇に「鮨よしい」をオープンしたばかりだった。板前の矢部さんは銀座の久兵衛で修行をしたという本格的江戸前鮨の店だ。「鮨よしい」に案内すると、現代アート通らしいイヴァンは、カウンターに座った途端、目の前に飾られた写真が杉本博司の『海景』だと気づいて、うっとりと見惚れている。これ、いくらくらいなの？　買って帰ろうかな、いい作品だなあ、とつぶやいていた。

パリからの一行を連日食事に連れていってると、そのうちこちらの持ち駒もなくなってくる。コンサートの後で、みんなで打ち上げに行く場所はどこにする？　とシャルロットに聞かれて困ってしまった。それもコンサート会場の六本木ＥＸシアターから歩いて行ける距離がいい、という条件つきだ。

そんなとき頼りになるのが元職場の出版社の後輩、『ブルータス』の西田善太編集長だった。なにしろ美味しい店のアドレスの宝庫みたいな人だ。早速聞いてみると、だったら「赤い部屋」がいいでしょう、と即答。

どこにあるの？

西麻布と表参道の間です。

パリからのミュージシャンも一緒だったので、くだけた雰囲気の店がいい。まさにそうした希望通りの店だった「赤い部屋」は、みんなにはうけたが、未知の食べ物のお好み焼きを前にしたグルマンなイヴァンだけは少し仏頂面をしていた。シャルロットは、仲間のミュージシャンたちが浮かれている様子をみて満足そうだった。

「赤い部屋」は「ブルーノート」にいた人がやっているので、流れてくる音楽のセンスもよく、パリから来たミュージシャンたちの打ち上げにはぴったりだったし、その店を紹介・同行してくれた善太さんに心から感謝した。

二〇二〇年になると、世界各都市でコロナが蔓延し、ニューヨークでも感染が猛威をふるいはじめた。

街角でも感染者の悲惨な状況を目にするようになったシャルロットは、末娘のジョーを連れて、家族のいるフランスに帰国することにしたという。

姉を亡くした傷心からニューヨークに移り住み、すでに六年の歳月が流れていた。久しぶりにパリに戻ったシャルロットだったが、パートナーのイヴァン、長男ベン、長女アリス、ニューヨーク帰りの末娘ジョーと家族揃って暮らすようになったというのに、どういうわけか、彼女のこころは晴れなかったようだ。

コロナのせいで撮影もないし、やがて外出するのも億劫になり……終日家にいて次第にうつになっていく娘の様子をみて、このまま放ってはおけない、と心配したジェーンは、頻繁に彼女の家にやってきて、娘を励ましていたという。

あるとき無気力で何もする気がしない、何かを始めても最後までやり通すことができないと言う娘に、だったら日本で撮りはじめた映画を完成させてみたらどうなの、と母親が言った。ジェーンからの思いがけない提案にシャルロットも、引き出しの奥に仕舞っていた撮りかけのフィルムに新たな可能性が生まれるかもしれない、と希望を感じた。主演のジェーンが勧めてくれるのだから、これ以上心強いことはない。

それがきっかけとなって、シャルロットは映画の撮影に再び取り掛かる。母親のせいで一時頓挫していたが、結局母親の救いの一言で再び日の目をみることになったのだ。

ニューヨークで撮影を再開すると、ノルマンディーやブルターニュの別荘で語り合ったり、犬のブリーダーのところへ行って、ジェーンはフレンチブルを、シャルロットはブルーテリアを連れ帰ったりして撮影を続けた。日本で撮ったのは冒頭部分にほんのわずかしか使われていないが、エンドロールのクレジットに、シャルロットのアシスタントとして私の名前も入れてくれていた。

サンシュルピス寺院近くのアイスクリーム屋にて
「アマプロジェクト」のTシャツを掲げるジェーン
足もとには愛犬ドリィ
photo par K. Murakami

完成した『ジェーンとシャルロット』(Jane par Charlotte : Jane by Charlotte) のなかには、ジェーンがパリのヴェルヌイユ通り五番地ビスの、彼女が以前住んでいた家を訪れる場面があった。一九六八年に映画『スローガン』撮影のためにパリにやってきたジェーンが、相手役のセルジュ・ゲンズブールと恋に落ち、同棲をするようになった思い出の家だ。現在、そこは「メゾン&ミュゼ・ゲンズブール」として一般公開されている。住み始めた当初は、セルジュとまだ一歳にも満たない赤ん坊のケイトとの三人家族だったが、一九七一年にシャルロットが生まれると、その家は一段とにぎやかになっていく。

ところがそれから十年後、新たな恋人、映画監督ジャック・ドワイヨンと暮らすために、ジェーンは子供たちを連れてセルジュの家から出奔してしまう。それ以来、彼女は仕事では会っても、セルジュの家を訪れたことはなかったという。愛する人と子供たちに出て行かれて、ひとり取り残されたセルジュは、空っぽの子供部屋をみるのがあまりにも辛く、そこを壁にして封印してしまっている。その家に足を踏み入れた途端、過去の記憶がフラッシュバックしたのかもしれない――映画のなかでもその場面のジェーンの表情は、どこか強ばっている。

シャルロットは、母親のそうした感情を掬い取りながらも、その場面が重苦しいメロドラマにならないように途中でカットして、すぐさま明るい光に満ちたブルターニュの揺れる海の情景に切り替えている。シャルロットらしいクールなモンタージュだった。

二〇二一年に完成した映画『ジェーンとシャルロット』は、その年のカンヌ映画祭のドキュメンタリー部門で特別上映され、シャルロットの初監督作品として高く評価された。九月にはドーヴィル・アメリカ映画祭でも上映されて好評だった。シャルロットは五十歳にして、女優、ミュージシャン、そして新たに――パートナーのイヴァン・アタル同様に――映画監督の仲間入りをすることになった。

だが思いがけないことも起きている。ドーヴィル・アメリカ映画祭に出かけようとしていたジェーンが、出発少し前に脳卒中を起こしてしまったのだ。それでも運よく軽症で済んだのは幸いなことだった。

『ジェーンとシャルロット』には、どうしても生じてしまう母娘関係の難しさをゆるやかに解きほぐしてくれるようなセラピー的な要素もあった。日常生活のなかに埋もれてしまっているそうした関係も、娘から一歩踏み出すことで、ふたりの距離は近づくのではないか――そんな期待をもたせてくれる作品だった。

JANE PAR CHARLOTTE
BANDE-ANNONCE

大人になってから母に心を開くというのは、どことなく照れ臭いものだけど、映画をみたあとは、一刻も早く母に会って抱きしめたくなった、というフランス人もいたようだ。おそらくそれは単なる芸能人の母娘関係というのではなく、どこの家庭にもありうる、普遍的な状況にみえたからだろう。

『ジェーンとシャルロット』の日本での封切りが二〇二三年七月と決まり、同年六月末にはシャルロットが来日するというので、『フィガロジャポン』誌がシャルロットと私のトーク・イベントを企画していた。配給会社に頼まれ、パリで急遽私がこの映画に関してのインタヴューをすることになった。

ふたりだけなら、直接シャルロットに「パリ行く、いつ会える?」と短いショートメールを送れば済むことだ。しかしこのときは配給会社に日時をセッティングしてもらったので、なんだか普段とは違う仕事モードな感じで再会することになった。

そのせいか、最初からどことなく互いに他人行儀だった。場所もシャルロットの自宅ではなく、いかにも女優がジャーナリストとのインタヴューに使いそうな、ホテル・モンタランベールのシックなサロン・ドゥ・テだ。

『ジェーンとシャルロット』にも登場する、大人しいブルーテリアのダフネを連れてやってきたシャルロットは、相変わらずのジーンズ姿で、少し疲れたようにみえる。彼女は座った途端、実は私、日本には行けない、と開口一番に爆弾発言をするので一瞬耳を疑ってしまった。

だってもう東京ではあなたを迎えるためのイベントが動き出しているのよ。それに取材も色々入っているのに……。

彼女は何か心配事があるらしく、ちらちらと携帯のほうに気を取られている。そして今度はきっぱりと、私、東京に行かない、行けないの、と繰り返した。

ジェーンの病状が今は一刻も目が離せないので、日本には行けない、という理由だった。病状がそれほど深刻とは知らなかった私は、インタヴューが終わったら、ジェーンに会いに行こうと思っていたくらいだった。

すぐに頭に浮かんだのは、日本での封切りに合わせて「シャルロット・ゲンズブール来日」と宣伝をしている配給会社や雑誌社の人たちのことだ。来日キャンセルと聞いたら、どれほど驚愕するだろう。今度は私のほうがそのことで気もそぞろになってきた。

こうした落ちつかない雰囲気のなか、ホテル・モンタランベールでのインタヴューは始まった。

――このドキュメンタリーを撮りたいと思ったきっかけは?

シャルロット　母との関係というか、ジェーンの素顔に迫ることで、何か新しい一面がみえてくるのではないかと思ったの。だけど冷静な眼でプロの監督として母を撮影するのではなく、初めて映画を撮る素人として、手作り感にあふれるものにしたかった。最初の場面は、母も大好きな日本でスタートしたら、自然に映像のなかに入ってくれると考えたからなの。

――渋谷のオーチャードホールでコンサートのために、ジェーンが来日することになったからなのね。あらかじめシナリオはあったの?

シャルロット　表面的な、ただきれいで、上滑りの映像にはしたくなかった。だから子供のころのこととか、きわめてパーソナルな質問を分厚いノートに書いて、準備していたのよ。

結局そうした現実的なことを母に質問しようとしたら、とてもショックだったみたい。なんとかして母を説得しようとしたけど、できなかった（どうやら黒沢清監督との約束を、土壇場でキャンセルした日、あの朝母親とシナリオの件で揉めていたのを知った）。母は「もうあなたに協力しない」と言い出したの。だけどその翌日、あなたが小津安二郎の定宿、茅ヶ崎館に連れて行ってくれたり、その後は京都の大徳寺の茶席に案内してくれたので、一応日本での撮影を終えることができた。その後、私はニューヨークに戻り、母はパリだったので、撮影は中断してしまった。ともかく母は私の映画に協力してくれそうになかったので、私もその話題をぶり返すこともしなかった。

——再開したのはどうして？

シャルロット　二年間そのままにしていたけど、コロナ禍になって私もニューヨークを引き揚げて、フランスに帰ったの。あるとき、米国の女流作家ジョーン・ディディオンの甥が撮影した素晴らしいドキュメンタリーを母にみせたところ、母も気に入ったらしく、また再開してもいい、と言い出した。ちょうどブルターニュの母の別荘に行っていたので、そこから再開した。その後はニューヨークに行ったり、パリで撮影したり……。

——ブルターニュの別荘も素晴らしかったし、ニューヨークの場面もとてもいい雰囲気だった。母娘の向き合いが、移動するロードムーヴィーの情景のなかで、和らげられていたわね。

シャルロット　そうね。あれはとても自然な流れだったのよ。

——私にとってハイライトだと思ったのは、ジェーンがセルジュ・ゲンズブールと十四年間暮らしたヴェルヌイユ通りの家を訪れる場面だった。一歳に満たない赤ん坊のケイトを連れてパリに来て、それからあなたが生まれて……そんな懐かしいあの家に入り、スタインウェイのピアノ、キッチン、ジターヌの煙草の吸い殻までそのままになっているのをみて、ジェーンが動揺しているのが伝わってきたわ。

シャルロット　ちょっとデリケートなシチュエーションだし、母に頼むのは悪い気がした。母は自分の意志で家を出て、セルジュと別れることになったのだから。ところが私の背中を押したのは母だったのよ。「行ってみてもいいわよ」と言われてほっとしたの。

――今後撮りたいテーマは？

シャルロット　父セルジュ・ゲンズブールの映画をドキュメンタリーで撮りたいと思っている。アルバムに色んな写真が残っているし、そうした写真を繋ぎ合わせながら、並外れて素晴らしいアーティストだった父の姿を、娘として再現してみたいの。

――過激で、スキャンダラスな映画になりそうね。この映画を撮り終わって、願っていた通りに母親との新たな関係が生まれたの？

シャルロット　実は私、コロナ禍のニューヨークを離れて、パリに戻ってきてからうつ病に悩まされていた。母に励まされて、少しずつ底辺から這い上がることができた。驚いたことに母は、私が父だけを高く評価して愛していて、母親には関心がないと思い込んでいたみたい。とんでもない勘違いなのに。母も私も恥ずかしがり屋でお互いの気持ちを告げられなかったので、どこかに不安な要素があったのね。それは私たちだけでなく、世の中の多くの人たちに共通していることだとわかった。素晴らしい発見だったわ。

パリでのそのインタヴューから三週間も経っていなかった。

鎌倉の家に戻っていた私は、その日も猛暑の一日だったので、葉山の一色海岸にあるビーチハウス「ブルームーン」で友人のソフィーたちと過ごしていた。海面の向こうに、火炎のように燃え立った夕焼けが沈んでいくさまをビーチで眺めたあと、みんなと別れて帰路についた。火照った身体のままで帰宅途中に「フランス・アンフォ」のネットニュースを何気なく開いてみると、ジェーン・バーキンの訃報が眼に飛び込んできた。

七月十六日朝、パリのアサス通りの自宅で絶命しているのが発見された。おそらく前日の夜に息を引き取ったものと思われる。そういった短い記事だった。

その後はどうやって自宅に戻ってきたのか、覚えてもいない。海辺を走る路面電車の江ノ電で帰ってきたと思うが、家に着いた途端、玄関でへたり込んでしまった。

気がつくと、ビーチタオルの入ったエコバッグを握りしめ、サンダルも履いたままだった。白血病を発病してから、これまで十六年間の長患いだったし、少し前にパリで会ったときのシャルロットの様子からして、ただならない病状だと感じてはいたが、そうだとしても現実に起きた出来事の衝撃度はあまりにも激しかった。

シャルロットからショートメールが届いたのは、それから三日後だった。葬儀は七月二十四日午前一〇時からで、ケイトのときと同じサン・ロック教会で、という短い文面だった。

即刻シャルロットに、「パリ、行く」と返信をする。三週間前にパリから戻ったばかりだったが、あまり考えもせず、そう答えてしまっていた。

長文の他人行儀のお悔やみの言葉を並べても、母を喪《うしな》い、打ちのめされているシャルロットのこころには響かないだろう。そう思ったからだ。

得体の知れない重いものが、胸のなかに沈んでいた。これまで病気と闘い抜いてきたジェーンが痛々しくてならなかったからだ。亡くなった夜、彼女はひとりだったという。

日本を愛してくれたジェーン。東日本大震災のときは、日本人が辛い目にあうのをみるのはわたしには耐えられない、だから来たのよ、と言っていたジェーン。私たちの支援団体アマプロジェクトの南三陸仮設住宅のお母さんたちを、きっと大丈夫よ、と言って強く抱きしめてくれたジェーン。

パリの葬儀には、そうした感謝を込めて、私は日本人の最高の礼服、和装の喪服で出席しようとこころに決めた。

ほんの短いパリ滞在だった。シャルロットに到着を知らせ、葬儀が終わってから会うことにする。喪主を務めるシャルロットの邪魔にならないようにしたかった。

葬儀の朝、サン・ロック教会前のサントノレ通りは騒然としていた。どこからともなくあふれ出てくる黒山の人波、報道陣のカメラの列、交通遮断をする多数の物々しい警官たち……。私はそうした列の隙間を縫って、教会の階段の端のほうからゆっくりと上がり始めた。

振り返るとちょうどシャルロットが、到着したばかりの文化相を出迎えていたところだった。カメラマンたちが駆け寄ってきていた。そのときの光景はなぜか瞼にはっきりと刻まれている。シャルロットが堂々とした喪主の役を果たしているのに感心したからだ。

歳を取ってからの長旅は、やはりそれなりに疲労感が体に響いた。到着して翌日の葬儀へ行くまで、どうにか気持ちは張り詰めていた。だが、五日間の滞在の最後のころは、正直相当疲れ果てていた。案の定帰国後、高熱を出して寝込んでしまい、かかりつけの医師に、どうやらパリから土産を持ち帰ったようですね、と言われて自分がコロナ感染者だと知った。

葬儀から慌ただしく帰国して二か月経ったころだった。『フィガロジャポン』が、ジェーン・バーキンの特集号を出したいので、パリに行って取材してほしい、と言ってきた。ジェーンの友人たち、最後の恋人、社会的活動家としてのジェーン、そうしたものをまとめる永久保存版の特別企画だという。ジェーンのためにそれだけ本格的なものなら、こちらからお願いしてでも行かせてもらいたい仕事だった。

こうして、コロナ禍のせいで海外旅行もままならず、五年間もフランスに行けなかった私が、三か月で三回もたて続けにパリに行くこととなった。

シャルロットに会えたのは、帰国前夜だった。最初はニューヨークに行って不在だったたし、その後は撮影で南仏に向かったり、かつて家族で住んでいたヴェルヌイユ通りの家を「メゾン&ミュゼ・ゲンズブール」として一般公開したりと、多忙を極めているようだった。

今回は無理なのかもしれないと思っていた矢先、シャルロットからショートメールが届いた。明日なら撮影が早めに終わりそうなので、うちで夕食しない？　と言ってきた。前回も土壇場でのキャンセルが続いたので、実のところ半信半疑だったたし、手料理を用意してくれるらしいが、本当にそんな時間があるのだろうか。

翌日、パリに住んでいたころよく一緒に仕事をしていたスタイリストのマルティーヌ・ドゥ・マントンと、カフェ・ド・フロールでヴェルヴェーヌを飲んでいると、シャルロットから着信があった。

ねえ、香りは何がいい？

夕食に招待されて、好みの香りまで聞かれるのは初めてだった。

レモングラスよ、メルシー。

思わずそう返信した。さすがシャルロット、いつも何か新しい発想を発信してくる。それにしても数時間後の夕食に、果たしてレモングラスを近所で手に入れることができるだろうか。するとまた着信がきた。

お野菜は何にする？

アリコ・ヴェール！ と即答した。

OK、とシャルロット。

日本にも「さやいんげん」はあるが、フランスのアリコ・ヴェールは格別で、草の剣のように細身で尖っていて、少し草の香りがするところが好きだ。

昼下がりのカフェ・ド・フロールは観光客でごった返していて、すぐ近くに住むマルティーヌは、あまりの混雑ぶりに眉を顰《ひそ》めている。

パリに来ると頻繁に会っている仲のマルティーヌとは、九〇年代末にケイト・バリーと仕事を始めたころからの友人で、その後も撮影のときは大抵スタイリストの彼女と組んで仕事をしていた。いつも色々なパリ情報を教えてくれるマルティーヌは今回も、ケイト・バリー回顧展が、セーヌ川に浮かぶ船上のギャラリー、ケ・ドゥ・ラ・フォトで十二月に開催されると教えてくれた。撮影はケイト、スタイリストはマルティーヌ、テキストは私のトリオで仕事をしていた懐かしい日々が甦ってくる。ケイトが亡くなってすでに一〇年が経っているので節目の回顧展なのだろう。

これからシャルロットの家に夕食に行くと伝えると、知り合いのロスチャイルド家の親戚が彼女と同じ建物に住んでいる、と言っていた。

シャルロットの住んでいる建物に入ると、大理石の広々とした階段で、踊り場もゆったりとして、いかにもロスチャイルド家の親戚が住んでいそうな瀟洒な雰囲気のところだ。昔、パリの不動産屋が、パリの建物の価値は階段で決まる、と言っていたが、確かに風格のある階段だ。階上に向かっていると、どこからか酸っぱいレモングラスの香りが漂ってくるような気がする。

サ・ヴァ！　扉を開けてくれたのはシャルロットだった。久しぶりの出会いだ。母親の葬儀の朝以来で、その後は立ち話をしただけだったので、三か月ぶりだ。グレイのTシャツにジーンズという、いつものスタイルで笑っていた。スニーカーなのに一段と脚長にみえるのは、ジーンズがスリムでウエストが高いハイウエストだからかもしれない。

レモングラスやフレッシュハーブのサラダの香りに包まれたシャルロットの手料理［2023年11月］
photo par K. Murakami

今ね、サラダを作っていたの。

コートを脱いで、早速、シャルロットについてキッチンに入る。綺麗に磨き上げられたステンレスのシンクの脇に、洗ったばかりのまだ濡れたハーブが数種類並んでいた。ローズマリー、イタリアンパセリ、バジル、ペパーミント。微かな香りがしている。すでにアリコ・ヴェールは、白い皿に綺麗に盛りつけられていて、彼女がオーブンから白身の魚をとり出すと、レモングラスの香りが漂ってきた。

あなたのために、ご飯も必要かと思って炊いておいた。

メルシー！　私は自分の荷物のなかから、前日オペラ地区にある日本食料品店・京子で買ってきたものを取り出す。みょうがや寿司酢、胡麻をテーブルに並べ、オリーヴの木製ボウルにご飯を入れて手早く酢飯を作る。そこに刻んだみょうがを混ぜ、胡麻をかけるだけで、お手軽なみょうがご飯ができあがった。シャルロットが好きな日本料理を一皿でも添えたかったのだ。

ふたりで料理をしながらおしゃべりをして、アリコ・ヴェールをつまんだりしていると、奥の部屋から末娘のジョーが出てきた。

ボンジュール、ジョー！　五年前に東京で会ったときはまだ人形を抱いていた幼い少女が、今ではすっかりお澄ましな女の子になっていた。

この子はね、今ピアニストになるか、演劇の道にいくか、迷ってるところなのよ、とシャルロットが説明する。

だからサロンの中央にピアノがあるのね。

そうなの。

てっきりジョーは、精神分析に進むのかと思ってた。

つい私はそう言ってしまう。脚光を浴びるよりも、別の道に行くのではないかと。

するとシャルロットも嬉しそうに言う。

そうなのよ、その道もあったのよね、ジョー？

自分ですでに選択をしてしまっている様子のジョーは、少し困った表情をしていた。

本当にジョーは、人のこころが読める子で、私はいつだって驚かされているのよね。そう言うと、母親はまだ残念そうにしていた。

今年二十七歳の長男ベンは、父イヴァン・アタルが監督した映画『僕の妻はシャルロット・ゲンズブール』に子役として出演していたし、最近ではやはり父親が監督の『マイ・ドッグ・ステューピッド』で若手俳優として注目されている。シャネルの広報にいたジョルダン・クランテルと結婚したばかりの彼は、今は実家を出て新たな家庭を築いている。シャルロットが末娘のジョーだけを連れて渡米した時期は、思春期で反抗期だったせいか、ベンと母親との確執が伝えられていたが、今は仲直りしたようだ。

五歳下の妹アリス・アタルも女優を目指しているという。

三人の子供たちのうちひとりくらいは別の道を歩んでくれたら、と以前シャルロットは言っていたが、やはり芸能一家の血筋なのだろう。

まだ葬儀からあまり日が経っていないし、ジェーンの話に触れていいかどうか迷っていたが、話し出したのは、シャルロットのほうだった。

独り語りのように、ふいに語り出した。

母のことはね、メディアでは七月十六日死去と発表されているけど、たぶん息を引き取ったのは、十五日の夜だったと思う。もうだいぶよくなったから、この週末はひとりで大丈夫って言ってたの。本当にそうだったの。それが、まさかこんなことになるなんて。これまで何回も何回も、医者にもう今度は無理です。長くは持たない——そう言われたけど、そのたびに奇跡的に復帰していたでしょう。だから、きっと今度も大丈夫なんだ、私は自分にそう言いきかせていたの。こころの準備は、少しはできていただろう、って言われるけど、とんでもない。母は絶対立ち直る、心底そう信じていた。

それからしばらくの間、シャルロットは黙り込んでいた。

恐ろしいことだったのよ。現実には。

ぽつりとそう言う。

発見されたときに、椅子に座ったままだったっていう報道は本当だったのか、その辺りを聞いてみたいと思っていたが、その日の状況を思い出して身震いしているシャルロットをみると、とてもそんな生々しいことは聞けなかった。

七月十五日の夜だとしたら、亡くなる前日の金曜日に、孫たちの誕生日のプレゼントを買いにエルメスに行ったことになるわね、と私は言う。

巴里祭《キャトーズ・ジュイエ》の日に、左岸の自宅からわざわざ孫たちのプレゼントを買いに、死の前日にエルメスを訪れたというその現実離れのした出来事に、シャルロットも心底驚いたという。

そうなの。なぜかうちの家族は、七月生まれが多いのよ。ジョーもそうだし、ルーの息子のマルロウも、去年生まれたラズロも、そして私も七月なの。ジョーのプレゼントは、フュルスタンベール広場の店で買った可愛いドレスだった。ママンは誕生日のプレゼントを四つも買わなければいけなかったの、とシャルロット。

シャルロットはどんなプレゼントをもらったのだろう。ジョーはどんなドレスだったのかも気になったが、ピアノの椅子に座ったジョーは、自分の部屋にそのドレスを取りに行く気配はなさそうだ。

私は、話題を変えることにした。

そういえば、この前、ヴェルサイユ宮殿でのチャールズ英国王歓迎の晩餐会にサンローランの素敵な黒いドレスで出席していたけど、どうだったの？　マクロン大統領やミック・ジャガーと話した？

Maison Gainsbourg
www.maisongainsbourg.fr

「メゾン＆ミュゼ・ゲンズブール」外壁のグラフィティアート［2023 年 11 月］
photo par K. Murakami

「メゾン＆ミュゼ・ゲンズブール」入口の扉〔2023年11月〕
photo par K. Murakami

シャルロットは赤ワインのグラスを置いて、ははっ、と機嫌よく笑い出した。

すごく面白かった。うん、本当に。それがね、その日はちょうど「メゾン＆ミュゼ・ゲンズブール」のオープニングの日と重なったの。

えっ、どうしたの？

ヴェルサイユ宮殿に行った。

ありえない！

三十二年前にこころに誓った夢を実現させるため、父の家を美術館にするために孤軍奮闘し、やっとの思いで一般公開に漕ぎつけたシャルロットなのに、その大事なオープニングの夜はイギリス国王歓迎のパーティーに行ってしまったという。

いかにも気まぐれなシャルロットらしい。または、父セルジュのためにミュゼを開館したので、今度は亡き母ジェーンの母国イギリスの国王歓迎のためにヴェルサイユ宮殿の晩餐会を選んだのだろうか。

夜も深い時刻になっていたので、私はシャルロットの家を出た。ジェーンの葬儀の日には声を震わせて、ママン、私は孤児になってしまった、と訴えていたシャルロットも、どうやらやっと前向きに歩きはじめたようで、一安心する。

レモングラスの香りに包まれた白身の魚料理は、表面が少しばかりスモークされていて、ほどよい薄味で、なかなかいい味だった。

それからしばらくして、鎌倉の家に帰っていた私の元に、シャルロットからショートメールが届いた。

あの野菜の名前はなんと言うの？　美味しかったから自分で作りたいの。あなたがご飯に混ぜた野菜のことよ。

野菜と言われて、なんのことなのか一瞬わからなかった。

そういえばあの日、みょうがご飯を作ったのを思い出した。みょうがが野菜という概念が、私になかったのだ。

あれはね、みょうがって言うのよ。プティ・シャン通りの日本食料品店の・京子で売ってる。胡麻も買ってきたら。私が置いていった酢を使って酢飯にするのを忘れないで。

そう返信して、少ししてから携帯をみると、小さな赤いハートマークが、ぽちっと点いていた。

末娘　ルー・ドワイヨン

波打つ長い髪が揺れて、首を少し反らすようにして唄うルーの声は、先刻まで楽屋で話していたときより、一段と低音に聞こえた。

艶があるのに、まるで挑みかかるようなハスキーな声が流れてくると、ほぼ満席のブルーノート東京の店内には張り詰めた雰囲気が漂いはじめ、ナイフとフォークをもった手も止まり、飲み干そうとして持ち上げたグラスもそのままになっている。先ほどまでテーブルの間を器用にぬってサービスをしていたギャルソンたちの姿もみえなくなっていた。

父ジャック・ドワイヨンよりも、母ジェーン・バーキンよりも背が高いルーは、目鼻立ちもくっきりとした華やかな美貌なので、遠目にもなかなか見栄えがするし、まるでモデルとして、キャットウォーク（ランウェイ）を歩くために生まれてきたような見事なプロポーションをしている。

微妙に暗く、静かに流れるような〈レイ・ロウ〉という曲は、胸に絡みついてくるような旋律で、ノスタルジックな世界だった。母ジェーンの歌う声は優しく囁くようだったし、姉シャルロットのは透明感にあふれていて、ふたりともフェミニンと言える。ルーの声はどこかざらざらして深みがあり、ソウルフルな声質で、ジェーンやシャルロットとはまるで異なっていた。

末娘なので遅れてデビューしたこともあり、ふたりとはダブらないようにするために、敢えて低音にしているのではないか。そんな疑問もわいてくる。

「実はね、あなたのママンから、ルーのライヴに行ってきて、と頼まれたの」

終わってから楽屋に行き、大勢のファンに囲まれたルーにそう声をかけると、彼女は笑っていた。心配性の母親の顔が浮かんだのだろうか。

二〇一六年一月末、ジェーンからあのメールがこなかったら、末娘のルー・ドワイヨンは私にとってバーキン家でもっとも遠い存在のままだったと思う。

「ルーも歌手として活躍するようになったので、わたしも一安心してる。ルーが近いうちにブルーノート東京でコンサートをするから、行ってみてほしいの」

当時乃木坂に住んでいた私は、会場もすぐ近くだったので、即答で「心配しないで。行ってみる」と応じた。

フランス語で言う「めんどり母さん《ママン・プール》」（大事にしすぎる過保護な母親のこと）という言葉がぴったりなくらい、ジェーンは、三十三歳になった末娘のことがまだ気掛かりでならない様子だった。そのころ日本では、ルーのイメージはモデルで女優だと思われていたし、歌手としては認識されていなかったと思う。

フランスでのルーのミュージシャンとしてのデビューは衝撃的だった。二〇一二年、フレンチ・ポップス界で国民的人気を誇るミュージシャンのエティエンヌ・ダオが作曲、ルーが作詞を

LOU DOILLON
BLUE NOTE TOKYO 2016 trailer

手がけた、歌手としてのファーストアルバム《PLACES》が、いきなり二〇万枚のヒットを記録した。そして二〇一三年には、日本のレコード大賞のような、ヴィクトワール・ドゥ・ラ・ミュージックのロック部門で、最優秀女性歌手賞を受けて華々しいデビューを飾ったのだ。

「男性のアーティストならポリヴァラン〔多才〕だと褒められるのに、女性が色んなことをすると、疑わしい目でみられる。不公平だわ」と、そのころルーは言っていた。

二〇一九年にニューアルバム《SOLILOQUY》を出したときはテレビでこう語っていた。

「モデルの世界に行くとあなたは女優と言われるし、映画の世界に行くとあなたはモデルだと言われ、フランスではあなたの母親は英国人と言われ、英国に行くとあなたはフランス人と言われるのよ」

私がパリで雑誌の仕事をしていたころ、当時新進気鋭だった写真家テリー・リチャードソンの撮影モデルをルーに頼んだことがある。そのころパリやニューヨークで引っぱりだこだったテリーだったので、ルーもモデルとしてベテランの仕事ぶりをみせてくれた。

異質な要素の混じり合った独特なルーの声がまた聞きたくなり、東京で二日目の最後のライヴにも行くことにする。

ライヴ初日に、ルーが楽屋で「東京が寒くて、ちょっと風邪引いたみたい」と言っていたのが気になったので、その日は青山通りにあるインドのストール専門店インドリームに行って、グレイの絹のストールを買ってきていた。

「風邪のときはね、絹の布を首に巻いて眠るのが一番なのよ」

「寝てるときも?」

Lou Doillon
PLACES
ALBUM JACKET

「そうよ。喉を大切にしないとね。とくにあなたは」開演前の楽屋でそう言うと、ルーは私の首に抱きつき嬉しそうだった。大切な掠《かす》れ声が風邪で出なくなったらその後のツアーが続けられないだろう、と心配だったのだ。

出番が近づいたらしく周囲の人たちが次々にいなくなるので、私もあわただしくルーと別れ、自分のテーブルに戻った。その夜はドラァグクイーンの一団もやってきて、にぎやかな雰囲気の会場になり、前日同様熱気に包まれたライヴとなった。

子供のころから、ルーは、父ジャック・ドワイヨンが持っていたレコードのコレクションを聴いていたという。父の好みはチェット・ベイカーやパティ・スミス、ニナ・ハーゲンやレナード・コーエンといった、ソウルやブルースだったようで、ルーの音楽の傾向もその系統だ。

「明日オフだけど、東京の近くでどこに行ったらいい?」終わってからまた楽屋に行くとルーが話し込んでいたので私はそのまま帰ろうとしていると、彼女が声をかけてきた。

「そうね、どういうところがいいのかな」

「息子のマーロウと、友達のニコラもいるから私たち三人なの」

「東京からの小旅行ね」。即座にいい案も思いつかず、鎌倉くらいしか頭に浮かばなかった。目的地にどうやっていくか説明していたのだが、横須賀線に乗るのにまごつくかもしれないし、咄嗟に「一緒に行ってもいいよ」と言ってしまう。

そのころフランスから友人が訪ねてきて、どこか東京の近くに行きたいと言われたときには、鎌倉の大仏や由比ガ浜辺りの海岸の近くの店で食事をして報国寺の竹林をみて帰ってきていた。

今思うと、十四歳の息子マーロウもいたので、テーマパークのようなところに行ったほうがよかったのかもしれない。

翌朝、ルーとミッドタウンで待ち合わせた。仲良くやってきたルーのボーイフレンドというのは、前夜ブルーノート東京のステージでキーボードを弾いていたニコラ・スブレシコのことだった。息子マーロウの父親は、二〇〇〇年初めにルーが付き合っていたミュージシャン、ジョン・ユリシーズ・ミッチェルで、マーロウの本名はマーロウ・ジャック・タイガー・ミッチェルといって、まるでロック・シンガーのような名前だった。なかなかお洒落な男の子で、どことなく外見がジャスティン・ビーバーに似ている。

「ヘイ、ジャスティン！」鎌倉に着いて、長谷寺の近くの人混みを歩いていると、あちこちから声がかかり、振り返る人もいる。ルーは面白がっていたが、マーロウは照れくさそうにしながらも、まんざらではなさそうだった。

大仏前では、修学旅行中の女子学生たちが近寄ってきて、ルーと一緒に写真を撮りたいと言ってきた。ルー・ドワイヨンと知っていたかどうか定かではなかったが、ルーもマーロウもおそらく芸能人のオーラを放っていたのかもしれない。

ニコラはいつも少し離れたところで遠くを眺めていて、寡黙な人だった。

湘南に行くといつも立ち寄ってしまうのが、小津安二郎が定宿にしていた茅ヶ崎館だった。明治時代に建てられ、大正ロマネスクのような、湘南の海辺にある別荘の抒情を漂わせている。小津安二郎ゆかりの宿と聞くと、フランス人にはカルチャー系の観光ポイントとして響くようだ。

ルーも到着するとすぐに、「パパに電話しよう。小津安二郎の宿に来ていると知ったら、きっとくやしがるに違いないわ！」と言って騒いでいた。だが、どうやら相手は不在だったらしく、父ジャック・ドワイヨンよりも先に「小津の宿」に来たことを自慢しようとしていたルーは、がっかりしていた。

その夜はピアノが置いてある宿の応接間で、ルーとふたりでおしゃべりをした。私がケイトと親しかったことをルーも知っていたので、自然と彼女の話になる。

「ママンは今でもまだケイトは事故で転落したかもしれない、と言ってるみたいね」

ルーがいきなり核心をついた話を始めたときは、こちらも少し面食らった。ケイト・バリーの死は世間では自死だとみているし、私自身もそう信じている。だが母親だけは、いったんそう思っても、まだこころのどこかで、ベランダから事故で転落死した、と思いたがっている節もあるのは知っていた。母親として、自殺だと思いたくないのは当然のことだ。

「そうね。だけどルー、その気持ち、わからないわけではないでしょう?」

「だけどそんなはずないのよ。絶対にありえないのよ」

ルーの表情は思いがけず険しかった。

「私は家族のなかで最初に現場に行った目撃者よ。一番に駆けつけたの。家具の上に、指輪が定間隔できちんと並べて置かれていた。私それをみたのよ。部屋のなかもきちんと整理されていた。この眼で、確かにみたのよ」だから覚悟の上の自殺以外考えられない、という。

「ママンは事実を何も知ろうとしないからよ」意固地にルーはそう繰り返していた。

それは家族間の微妙な問題だし、外部の私のような者が、無闇に口出しすべきではないと思ったし、それ以上ジェーンを庇って、ルーに反論する気にもなれなかった。

ルーも私が口を噤《つぐ》んだのをみて、話題を変えた。ふとみると、いつの間にかニコラが応接間に入ってきていて、ピアノの前に座り、小津安二郎の写真の飾られた壁に向かって、クラシックの静かな曲を弾きはじめていた。熟達したその指の滑るような動きからして、彼は本来キーボード奏者ではなく、クラシックのピアニストだったのかもしれない。そんな気がした。

小津安二郎が定宿とした茅ヶ崎館で正座する
ルー・ドワイヨン〔2016年1月〕
photo par K. Murakami

ピアノが途絶えると、松林の向こうで潮風の吹き抜ける音がしている。

モデル、女優、ミュージシャンというだけでは、ルーはまだ充分に自己表現ができず、これまで蓄積されてきたやり場のない憤りのようなものが、どうかするとふとした会話のなかで噴出してくるような、そんな何か激しいものをあの夜感じた。子供のころの彼女の夢は、作家か探偵か法医学者だったというから、相当早熟だったに違いない。

ジェーンの監督作品『ボクシーズ』が封切られた二〇〇七年、女性作家のミシェル・マンソーは、その映画で母と共演していたルーをインタヴューしている（『マリ・クレール』ネット配信記事「ルー・ドワイヨン、愛を語る」）。

ミシェル・マンソー　どうしてあなたは愛情あふれる実家を十五歳で飛び出したの？

ルー・ドワイヨン　〔……〕母は公の人として暮らしていたけど、私にも寄り添って育ててくれたわ。〔……〕はっきり言って母は自分の兄や父親を熱愛していて、そしてセルジュも愛していたの。一日二十四時間その人たちの話ばかり……。それなのに父〔ドワイヨン〕と同棲していたのよ。だけど夜になるとセルジュが家に来て、母はなんだか彼の前では済まなそうにしていたわ。私を産んだことに対して。愛しているのに別の人と暮らしていることに。私は弱虫だったたし、父も好きだったの。私は誰も傷つけないようにいつも気を遣っていた。母は無邪気な世界に生きていたの。〔……〕父は無口で、いつもレキソミル〔精神安定剤〕ばかり服用していた。〔……〕あるとき社会奉仕のため、ずっと母が帰って

Jane Birkin & Lou Doillon par Kate Barry
www.guillaumebounaud.com

こなくて、やっと帰ってきたと思ったら、「あなたよりも、もっとずっと私を必要としている人たちがいるのよ」と言われた。だけど私はまだ小さくて、そんなのよくわからなかった。

幼いながら、母の元愛人や当時の愛人や、母の愛する家族たちの感情の糸の間を、邪魔しないように気を配って生きてきたルーは、そうしたドラマに満ちた日々が、あるとき限界に達して、耐えられなくなったという。

セルジュ以外の恋の相手の子を産んだことを母ジェーンが悔やんでいたとしたら、自分は望まれて生まれた子ではなかったのだろうかという疑念がわいて当然だった。

一九九二年、ルーが十歳のときにドワイヨンとジェーンは別れている。ルーが十五歳で家を出た原因は、母とふたりの愛人たちの夜ごとのドラマの重圧のせいだけではなかったようだ。それにセルジュは一九九一年三月二日に亡くなっている。

それでも大人の事情で別れられない、という人間関係の複雑な絡み合いのなかで育ったルーは、相当大人びた子供だったのだろう。少女時代から、王子様やおとぎ話や夢物語にあこがれるかわりに、人生に挫折してアルコールやドラッグに溺れた退廃的な歌手の音楽を好むティーンエイジャーになっていた。

二〇一六年、東日本大震災の被災地支援のための私たちアマプロジェクトはTシャツを販売することになり、ジェーンには少女の、シャルロットには猫のデッサンを、そしてルーにも何か描いてもらいたい、と頼んだことがある。

アスティエ・ド・ヴィラットのために来日した
ルー・ドワイヨン〔2017年10月〕
photo par K. Murakami

「ちょっと考えさせて」と言っていたルーが、ちょうどそのころ「エル カフェ 青山」というスペースでサロン風の小規模なコンサートを開催することになり、再び来日することになった。

「これでいい?」

来日したルーは、大型のボール紙に挟んだ一枚のデッサンを、大事そうに抱えてきてくれた。そこには自分の左手を鉛筆でなぞったような、繊細な線画が描かれていた。

「これ、ルーの手形?」

「そうよ」

意味のない絵空事を描くのが嫌いなルーは、自分の肉体の輪郭をありのままに描き出すというアートな発想で被災地への想いを伝えようとしていた。

二〇一七年、白く美しい陶器の食器が日本でも多くのファンを魅了しているパリのブランド「アスティエ・ド・ヴィラット」とのコラボレーション・イベントで、ルーは再来日した。その日は彼女の線画をもとにしたマグカップなどが披露され、そのデザインも「手」がテーマだった。

ルーは女優、モデル、ミュージシャンの次はグラフィック・デザイナーとしても注目されるようになっていた。

Interview with Lou Doillon / ASTIER de VILLATTE
HARPER'S BAZAAR Japan

「アマプロジェクト」のTシャツのためにジェーンは少女
シャルロットは猫　ルーは手のデッサンを描いてくれた
photo par K. Murakami

また、一九六〇年代にパンクの女王と言われていた伝説のミューズ、パティ・スミスとのコラボレーションにより、彼女の本に挿絵を描くことでも存在感を示すようになっていた。精神性を重んじるルーが誰よりも尊敬していたパティ・スミスと出会って、ふたりの関係が生まれたという。

作家で詩人としても知られるパティ・スミスの本『ジャスト・キッズ』の仏訳版（ドノエル社、二〇一〇年刊）に、ルーのイラストが挿入されることになったのだ。ふたりは数年前にニューヨークのレストランで偶然隣り合わせに座ったことで知り合ったそうだ。

数年前マンハッタンの日本料理店にパティ・スミスが娘のジェシー・パリス・スミスと食事に行ったとき、娘が「振り向かないで。後ろに、あなたの若いころにそっくりの人がいるわ」と言ったという。それがルー・ドワイヨンだったそうだ。その後ふたりは話をすることとなり、ルーがパティに「あなたは私の精神上の母です」と言うと、相手は「だったら私をママンと呼んでもいいわよ」と応じたそうだ。

パティ・スミスが『ジャスト・キッズ』の次に出した『Mトレイン』の出版時に、パリで硬派の週刊誌として知られる『レクスプレス』がその本を取り上げ、ルーが自分のミューズであるパティ・スミスをインタヴューするという形式の記事が紹介されている。その『レクスプレス』二〇一六年四月三十日号で、パティ・スミスは新刊のタイトルについてルーにこう説明している。

Lou Doillon reveals her ultimate icons
from Nina Simone to Mary Poppins
VOGUE FRANCE

本当は『マインド・トレイン』にしたかったけど、そうするといかにも何かのタイトルにありそうだから、Mだけにした。Mはミューズの M、マジックのMかもしれない、神秘性のMでもあるし、色んなMがあると思う……。

『Mトレイン』が刊行された年（二〇一六年）、パティ・スミスは、娘のジェシー・パリス・スミスとの共演コンサートのために、六本木のビルボードライブ東京にやってきた。私はその楽屋でパティのライヴ後に短いインタヴューをしたが、与えられたのは二〇分くらいだったし、記事も小さいものだとわかっていたので月並みな質問しかできず、せっかくの機会だったのに残念でならなかった。

インタヴュー中も目の前に娘のジェシー・パリスがいるので、パティは夕食はどこに行くのなどと娘に話しかけていて、何となく落ち着かなかったのを覚えている。私もパティと同世代を生きてきたし、彼女が詩人ローレンス・ファーリンゲティやサム・シェパードの話をして世界のファンを熱狂させていた時期も知っていたのだが、今は穏やかに娘と夕食の話をしているパティの姿をみると、今さら昔の話をする気にはなれなかった。

これまで半世紀近く、私はデヴィッド・ボウイをはじめ、おびただしい数の人たちを取材してきた。インタヴューの仕方はひとそれぞれだけど、私の場合、記事に書くときは、その人の発言だけでなく肌で感じたその人の雰囲気も、大事な要素だと思っている。

亡くなったニーナ・シモンは、うつ病と闘いながら過激に生きていたが、その夜のパティは、今では現実を達観したインテリ詩人といった印象だった。

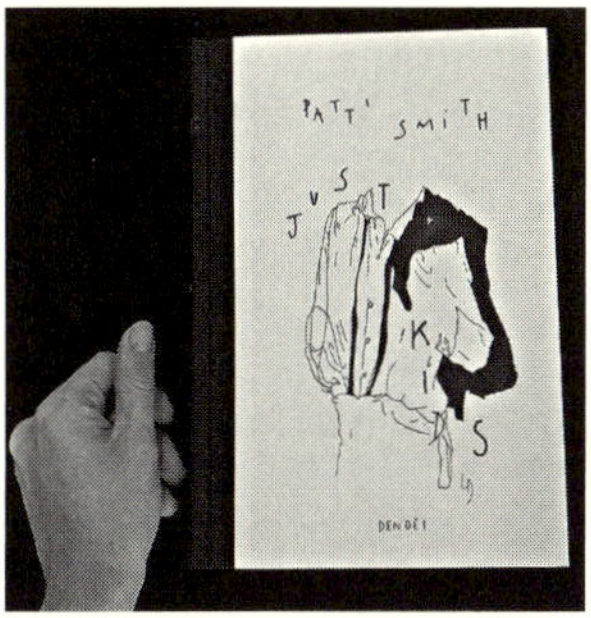

Patti Smith, JUST KIDS
BOOK JACKET
www.facebook.com/loudoillon

精神上の母はパティ・スミスだとしても、ルーの生みの母ジェーンもある意味で詩人だった。それも終生、自分のスタイルを貫き通して、どこまでも盲目的に愛を信じていた。彼女なりのやり方で日々現実と戦いながら、白血病との闘病に苦しみ、それでも愛を与え続け、苦悩する人たちをみかけると無視することができずに駆け寄っていたものだ。

彼女が弱音を吐いている姿を、私はみたことがない。どんなひとにも分け隔てなく優しさを分け与えようとするので、一緒にいると、そこまでしなくても、と思うことも確かにあった。だが、それこそがジェーンだった。

そしてどんなに忙しくても、何よりも家族も大切にしていた。

二〇二二年五月二十四日のジェーンからのメール

カスミコ　シェリ

私はノン・ストップでシンフォニックのコンサートのツアーを来年一月まで続けて、その後はオランピアがあるし、それが終わったら来年はマルグリット・デュラスの戯曲を劇場で演じるのよ！

ルーは男の子の赤ん坊《べべ》を七月に出産予定だし、シャルロットは映画や音楽を手がけて、ヴァカンスに行くようだし、ロマンはシシリアで撮影中、だからみんな絶好調！！！　私は今イギリスに来てる、あなたは？　あなたはどうしてるの？？？

あふれるベーゼを。

ジェーン

Jane Birkin et ses filles :
amour, travail et pudeur
VIVEMENT DIMANCHE
[13 janvier 2013]

「めんどり母さん」は、こうしていつも家族愛にあふれていた。

末娘のルーは、その後、パリの人気イラストレーターで十一歳年上のステファン・マネルと一緒になり、二〇二二年七月二十六日に無事男児を出産し、ラズロと名づけられた。何よりも誕生日を大事にしていたジェーンの思いを継いで、サン・ロック教会での母親の葬儀の二日後に、ラズロの一歳の誕生日を家族で祝った、とシャルロットに聞いた。

ラズロは、ジェーンの六番目の孫になる。

エピローグ

葬儀の朝は、はっきりしない灰色の空だった。

南からの風が、ゆるやかに吹き抜けていき、どんよりした雲の裂け目からは、時おり初夏の陽光が差し込んでくるが、それもすぐまた消えていく。

サン・ロック教会の周辺は物々しい警戒網が張られ、交通規制が敷かれていて、ジェーンのファンやメディアのカメラマンや取材陣の人波などで教会前はごった返していた。

正面入口では喪主のシャルロットが、パートナーのイヴァン・アタルや異父姉妹のルー・ドワイヨンらと、到着したばかりのセレブリティーたち――エマニュエル・マクロン仏大統領夫人やカトリーヌ・ドヌーヴと娘のキアラ・マストロヤンニ、ヴァネッサ・パラディとパートナーの映画監督サミュエル・ベンシェトリ、売れっ子ミュージシャンのエティエンヌ・ダオ、女優のシャーロット・ランプリングやキャロル・ブーケといった人たち――を出迎えているのがみえた。

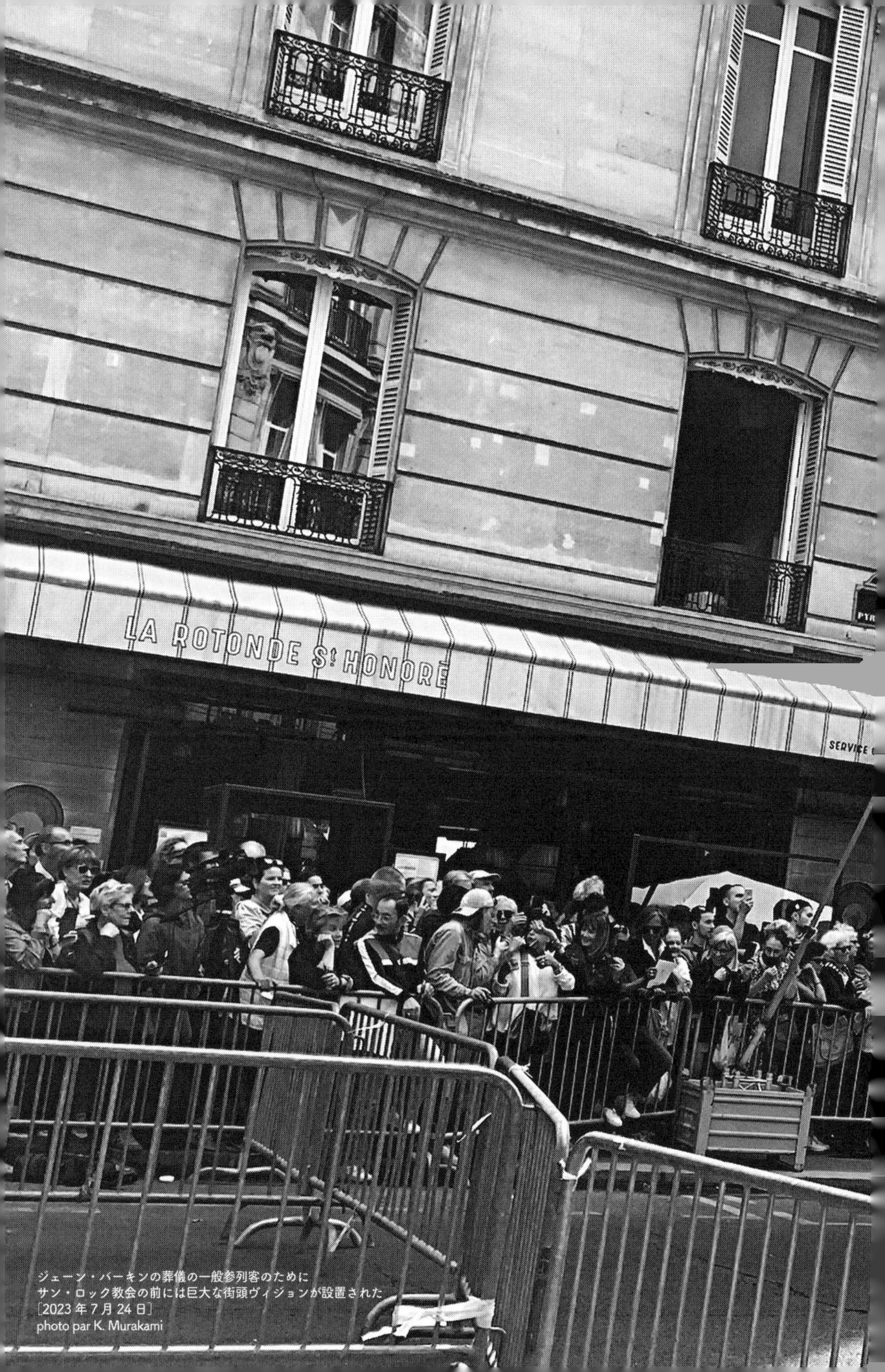

ジェーン・バーキンの葬儀の一般参列客のために
サン・ロック教会の前には巨大な街頭ヴィジョンが設置された
［2023 年 7 月 24 日］
photo par K. Murakami

ルーの新しいパートナーで、グラフィック・アーティストとして知られるステファン・マネルの姿もみえる。一年前ふたりの間に男児が産まれたときは、ジェーンから「今度の孫も、素晴らしく可愛いのよ」とメールがきたものだ。

祭壇はおびただしい数の白い花束でみちている。

やがて女性コーラスのゆるやかな聖歌が堂内に響き、それが終わると教会の司祭の挨拶のあと、祭壇脇のマイクに、ジェーンと親しかったカトリーヌ・ドヌーヴが、スモークしたサングラスに黒いドレス姿でゆったりと登壇してきた。

フランスの詩人ポール＝ジャン・トゥレの短い詩篇「人生は一段と虚しく」を朗読し終えると、無言で立ち去っていく。

その直後、どこからともなく低く、囁くようなジェーンの歌声が、ゆるゆると流れてきた。彼女のアルバム《バビロンの妖精》のなかの〈虹の彼方〉だった。パートナーだったセルジュ・ゲンズブールによる作詞・作曲だ。

当時ジェーンはすでに家を飛び出し、映画監督ジャック・ドワイヨンと暮らし始めていたが、それでも愛するジェーンを諦めきれない失意のどん底でセルジュが作ったノスタルジックな旋律だった。

「どうしてあのときわたし、ジャックとセルジュ、ふたりの男と一緒に住まなかったのか、自分でも理解できない」

Jane Birkin
BABY ALONE IN BABYLONE
ALBUM JACKET

あるとき、そんなことを言っていたジェーンの言葉を思い出す。

次にマイクの前に立ったのは、喪主シャルロットだった。その弔辞の声は、最初から微かに震えていた。ただ小刻みに震えているのではなく、自分が口にする言葉によって、その感情の波は揺れ動いているようだった。私の席は家族や近親者、有名人が多い前方の席ではなく後方だったが、人波の隙間からシャルロットの小さな肩が見え隠れしていた。

シャルロットは、低く、透明な声でこう語り出す。


私は感謝します。父セルジュ・ゲンズブールに。これほど母を愛してくれたことを。母に感謝します。父をあれほど愛してくれたことを。（少し呼吸をしてから）私は今、孤児になりました。母が亡くなり、みなさまがたもこころを傷めておられることと思います。私たちを遺して去っていった母、虚しさを感じないわけにはいきません。私のママン、私たちのママン、ジャネット、みなさまのジェーン・Bです。特徴、ブルーアイズ、髪は栗毛、ジェーン・B、英国女性、性別女、年齢二十から二十一歳、両親のもとで暮らし、絵を学んでいたブルーアイズ、髪は栗毛、ジェーン・B、青白い肌、わし鼻のジェーン・Bは、あの日の朝姿を消しました。五時二〇分前のことでした。ブルーアイズ、栗毛のジェーン・B、あなたは道の傍らで、真紅の花を手に眠っています。

静かに湧き上がるような拍手が、なり止まない。

彼女の言う「特徴、ブルーアイズ、髪は栗毛、ジェーン・B、英国女性、性別女」というパスポートの記述のような部分は、ゲンズブール作詞・作曲の〈ジェーン・B〉の歌詞をそのまま使ったものだが、それは簡潔ながら、胸に響いた。言葉に付着した贅肉を一切合切はぎ取り、ジャコメッティの彫像のようにした、純粋な表現だと思った。何よりもお世辞や虚飾を嫌悪していたジェーンなので、そうしたシンプルで、胸を打つ弔辞を喜んでいたに違いない。「道の傍らで真紅の花を手に眠っている」というのは、おそらく、現実にすでに葬儀会場のサン・ロック教会前には霊柩車が止まっていて、母親は棺のなかで花を手に眠っているということだろう。

次はシャルロットの異父妹、ルー・ドワイヨンがマイクの前に立った。冒頭ではジェーンがごみ箱にダイヤを捨てたエピソードなどを披露していたルーだが、ふいに、「ママン、色んなアヴァンチュールを私に体験させてくれて、ありがとう。ママンが平凡で常識的で従順な母親でなかったことに、私は感謝します。今後は平和で穏やかな日々が訪れるとしたら、私はそんなの、もう今から辟易しています」という。末娘のルーは、いつもは自由奔放で激しいものを内に秘め、モードやアートや映画界を騒がせ続けているが、最後は涙声になっていた。

続いて、ルー・ドワイヨンの実父、映画監督のジャック・ドワイヨンが登場してもよかったが、彼の姿は列席者のなかには見当たらなかった。ジェーンも彼との別離後ほとんど会っていなかった。自分との熱愛のせいでセルジュ・ゲンズブールとの家庭を崩壊させてしまったが、別れた後にジェーンは作家のオリヴィエ・ロランに恋をしたので、その最後の愛人と葬儀場で顔を合わせたくなかったのかもしれない。

Serge Gainsbourg
JANE BIRKIN SERGE GAINSBOURG
ALBUM JACKET

ルーの弔辞が終わると、イエスを讃える聖歌が弾けるように響きわたる。英国人のジェーンは宗教的にはプロテスタントのはずだが、パリ右岸のルーヴル美術館に近いそのサン・ロック教会はカトリック系だった。とはいえ文学界ではフランソワーズ・サガン、ファッション界ではサン＝ローランの葬儀もそこで行なわれていて、リベラルな文化人に愛される教会として知られている。

ジェーンの最後のアマンも列席していた。

前方の列から立ち上がった大柄の男性が、作家のオリヴィエ・ロランだ。文学者としては高い知名度だが、めったにメディアに登場しないせいか、顔を知っている人は少ないと思う。最初は少し強張った表情をしていたオリヴィエも、やがて滑らかな口調になっていく。

「生前、ジェーンは戦車の中で僕と出会ったと言っていましたが、それはあながち間違いではなかった。僕らは一九九五年、サラエボの戦場に向かう車の中で知り合いましたが、その車は装甲車のように防備されていたのです」

どこか遠くの記憶を手繰り寄せるようにして、暗く沈んだテノールの声で語り続ける。

「実際に僕が初めて彼女をみかけたのは、リュテシア・ホテルのバーでした。そのときは、どこか浮ついた感じの女性だと思いました。ところが彼女は中途で放り出すような半端な女性ではなかったのです。そうではないとわかったのはだいぶ経ってからのことでした。彼女は戦場の前線の町に行っても、まったく怖気づく様子もなく、まるで普段と同じような感じだったし、どのような状況になっても、まったく怯《ひる》まなかった。そんな彼女をみて恋に落ちたのは、僕だけではなかった。そこにいた兵士たち全員が彼女を好きになったのです。まるでこれまでずっと危険と背中合わせに生きてきた、とでも言うように、戦場でも余裕たっぷりだったのです。病気に対しても同じでした。けっして挫《くじ》けることなく、勇敢に挑みかかって戦っていたのです。あらゆることに対して、彼女はそうでした。それは彼女が善意というものに、恵まれていたからだと思います。だからどんなことも、少しも恐れることなく、挑んでいたのです。ずっと離れたところにいる人まで、彼女の存在を近くに感じることができたし、何かそんなものをもっていました」

そうだった、と私は大きく頷いた。

どんなときも自分のなかの懸命な気持ちを相手に伝えていたし、それは絶対に伝わるのだ、と信じて疑わなかった。どんなに離れていても、私が一万キロ近く離れた鎌倉に住んでいても、彼女からメールがくると、実にあたたかいものがストレートに伝わってきた。そして語尾にはよく「ラヴ」と書かれていたものだ。

「そんな女性に出会ったのは、後にも先にも彼女だけでした」とオリヴィエは続ける。

そう、それは間違いない。

ジェーンのような人が、この世にふたりといるわけがない。

その次はジェーンの孫たちだ。亡くなった長女ケイト・バリーの息子ロマン、シャルロットの息子ベン、二人の娘たち——アリスとジョー、ルーの息子マーロウと生まれたばかりのラズロ、その六人の孫の代表として、マーロウが祖母との最後の日々を短く回想した。マイクの前のマーロウは、鮮やかなブルーのメッシュを前髪に入れて、なんだか晴れの舞台に立ったミュージシャンみたいだ。

背後がざわついていたので振り向くと、正面の黒い扉が開かれて、眩しい外光がさっと差し込んできた。その逆光のなかを、パンツスーツ姿の長髪のふたりの女性のシルエットが、棺を担いで教会に入ってくるのがみえた。シャルロットとルーだ。姉妹の肩はまっさらの白木の棺を担いでいる。

通常、棺は男性が担ぐものなのに、まるでシバの女王の棺を担いでいるように、ふたりの姉妹は誇らしく、高く遠方を見上げ、ジェーンがいつも愛用していたスニーカー、眩しいくらいに真っ白のコンバースを履いていた。

あのとき、聖歌は流れていただろうか。

サン・ロック教会［2023年7月24日］
photo par K. Murakami

静寂だったような気もする。

ふいに、外のサントノレ通りにいたジェーンのファンの群衆から、割れるような拍手が沸き起こった。熱狂的なのに、それでいてひどく悲しい響きの拍手だった。だれもがその棺の光景に、こころを奪われてしまっていた。後部には男性の姿も見えたが、ふたりの娘の肩には、ずっしりとした棺の重みが食い込んでいたに違いない。

ふたりが母親を誇りに思っている以上に、ジェーンのほうでも、担いでくれているふたりの娘が、どれほど自慢だっただろう。

ジェーン・バーキンを葬送する〔2023年7月24日〕
photo par K. Murakami

「ほらね、私の娘たちよ。最高の娘たちでしょう！」

ジェーンの声がきこえそうだ。

そんなことを考えていると、ふいに目の前が曇ってきた。あわてて喪服の袖に手を入れて、ハンカチを取り出した。葬儀には絽《ろ》の喪服で出席していた。日本のカルチャーをこよなく愛したジェーンに別れを告げるには、この礼服しかない、と思ったからだ。旅行中のスーツケースは和装小物などで重くなったし、久しぶりに出した黒い草履は、だいぶくたびれたものだった。

葬儀のあと、シャルロットにお悔やみを言いにいこうとしたが、大勢の人波に取り囲まれている様子からして、そんな騒ぎのなかで二言三言、言葉を交わすよりも、今日はそのまま帰ったほうがいいと思い直した。シャルロットからはすでに、葬儀の翌日会おう、というショートメールが届いていたのだ。

ブルボン広場の花屋ムリエ・フロールの店主、ジェラールに私が頼んだ百合の花籠はどこにあるのだろう。階段の辺りを探したがみつからない。ふとみると目の前の霊柩車のなかの棺の周辺に、白い花が飾られているのが目についた。そのなかに、私がジェラールと一緒に選んだ白百合をみつける。

OBSÈQUES DE JANE BIRKIN
Dernier hommage à Jane Birkin :
la cérémonie en intégralité

ジェーンに寄り添って、私の白百合も墓地までお供をすることになったようだ。墓地はモンパルナス墓地の、セルジュ・ゲンズブールと愛娘ケイト・バリーの傍らに葬られることになるという。

式が終わっても、葬儀を映し出していた巨大な街頭ヴィジョンの周辺には、まだ何か心残りがするのか、ただ茫然と佇んでいる人たちがいた。なかには、「メルシー　ジェーン」と赤い文字で書いた大きな看板を掲げて群衆の間を歩き回っている女性たちもいた。
一時間半にわたったそのセレモニーは、シンプルでピュアな伝統的なしきたりのなかにも、なにか熱いものを人びとのこころに残して、静かに幕を閉じた。

あとがき

「パリに行く気はありませんか」

一九八四年末のことだった。そう声をかけてきたのは、当時『エル・ジャポン』の平沢豊編集長だった。ロートレアモンを卒論に選んだというその人は、心底フランス文学に心酔していて、頼まれた原稿を渡し終えたら、私たちは歌舞伎座裏手のカフェによく出かけたものだ。

話を聞いてみると、パリ支局長が来春辞めるので、その後任に行ってもらえないか、という。一年くらいでもいいから、なんとかしてもらえないか、と相当困っているようだった。

その当時私はフランス文学の翻訳をしていて、文芸誌『海』で掲載してもらったりして、名編集長と言われた塙嘉彦さんに、仕事の面では色々相談させてもらっていた。ところが一九八〇年一月に塙編集長が白血病を患い、急逝されてしまう。パリ行きの話を聞いた数か月前には『海』も廃刊になっていたし、私としてはいささか不安を抱えていた時期だった。

「パリでの仕事のほうは、大丈夫です。フランス語ができればそれでいいので」

ずいぶん大雑把な話だが、こちらにしてもパリに一年暮らせば、新しい作家を見つけることもできるだろうし、当時は娘もパリに住んでいた。これは願ってもない話だと思うようになる。

「だったら週末の時間とかを利用したら、翻訳も続けられそうね」

「もちろんです」

その当時、アンリ・トロワイヤの『チェーホフ伝』の翻訳を手がけていたのだ。

こうして渡仏する私を、羽田空港まで見送ってくれたのは、マガジンハウスの木滑良久さんだった。『ポパイ』や『ブルータス』を創った伝説的なエディターで、当時は役員だったと思う。私がドナシャン・ドゥ・サド侯爵という名のアビシニャン猫を入れたケージを下げていたので、心配そうにみていたものだ。

それが一九八五年三月のことだった。それにしてもまさかそれから二〇年もの間、パリで特派員生活を送ることになろうとは、当時の私は夢にも思っていなかった。

赴任して数年後、一九九〇年代に入ると、バブル崩壊で、パリに支店のあった日本企業の事務所は、次々に撤退していき、私を送り出した出版社も例外ではなかった。支局閉鎖後は帰国準備をしようとしていた矢先、サンジェルマン・デ・プレの路上で、元『アンアン』の編集長だった蝦名芳弘さんにばったり出会った。

今は、前の出版社を辞めて『フィガロジャポン』を手がけているという。

「日本に帰らないで、『フィガロジャポン』を手伝ってよ」

思いがけない提案を蝦名さんにされて、最初は冗談だと思っていたが、結構具体的な話を始めてきた。もともと新しいことを始めるのが嫌いではないし、生まれついてどこかに遊び心が潜んでいる私は、こうしてまた滞在を一〇年も延ばすことになった。

二〇〇五年夏、私はパリを離れて帰国した。帰ると知ってパリで心細い顔をしていたケイトとは、帰国後も連絡を取り合っていたし、東京で撮影する仕事をみつけて、日本に来てもらったこともあった。

ジェーンやシャルロットとは、訪日の際に日本で会うようになった。

何度か来日したケイトと最後に別れたのは、二〇一三年四月だ。

ケイトの自死は、人は常に不安と背中合わせに生きていることを、思い知らされたような衝撃的な出来事だった。そしてやはりこうした体験は書き記しておきたい、と思うようになった。その結論を出すまで、十年近くかかったことになる。

それも和久田頼男さんとの出会いがなければ、叶えられない願いだったので、心より感謝の意を表したい。

村上香住子

二〇二四年三月五日　鎌倉の海辺の古民家にて

参考資料

書籍

ジェーン・バーキン『マンキー・ダイアリーズ　一九五七—一九八二』、ファイヤール社、二〇一八年〔Jane Birkin, *Munkey Diaries (1957-1982)*, Éditions Fayard, 2018〕

ジェーン・バーキン『ポストスクリプト　一九八二—二〇一三』、ファイヤール社、二〇一九年〔Jane Birkin, *Post-scriptum: Le journal intime de Jane Birkin 1982-2013*, Éditions Fayard, 2019〕

ピエール・ミカイロフ『ジェーン・バーキン——「市民ジェーン」』、アルフェ社、二〇一〇年〔Pierre Mikailoff, *Jane Birkin: "Citizen Jane"*, Éditions Alphée, 2010〕

雑誌

「［永久保存版］我が愛しの、ジェーン・バーキン。」（『フィガロジャポン』二〇二四年三月号、CCCメディアハウス）

「ジェーン・バーキン　伝説の人生の告白」（『レ・ザンロックティブル』二〇一九年十月二十三日号〔JANE BIRKIN CONFESSIONS SUR UNE VIE LÉGENDE, *Les Inrockuptibles Magazine*, N°1247, Les Nouvelles Éditions Indépendantes〕）

ローズマリー・ファイテルバーグ「Q&A：ジェーン・バーキン、鞄を超えて」、『WWD』二〇一一年十二月九日号〔Rosemary Feitelberg, Q&A: Jane Birkin, Beyond the Bag, *WWD*（https://wwd.com/feature/jane-birkin-beyond-the-bag-5421382-761013/）〕

シルヴィ・バランス「インタビュー：ゲンズバールのタバコのように誇り高く」、『リベラシオン』〔Sylvie Barrans, Interview: Fier comme un Gainsbarre tabac, *Libératin*（https://www.liberation.fr/hors-serie/2006/04/25/fier-comme-un-gainsbarre-tabac_36521/）〕

ミシェル・マンソー「ルー・ドワイヨン、愛を語る」、『マリ・クレール』〔Michèle Manceaux, Lou Doillon nous parle d'amour, *marie claire*（https://www.marieclaire.fr/,lou-doillon-nous-parle-d-amour,20178,612.asp）〕

ジル・メディオニ「パティ・スミスがルー・ドワイヨンに心を打ち明け、「存在の数理」に触れる」、『レクスプレス』二〇一六年四月三十日号〔Gilles Médioni, Patti Smith se confie à Lou Doillon et évoque "les mathématiques de l'existence", *L'EXPRESS*（https://www.lexpress.fr/culture/musique/patti-smith-se-confie-a-lou-doillon-et-evoque-les-mathematiques-de-l-existence_1787138.html）〕

ラジオ・テレビ

ロール・アドレール「ジェーン・バーキン、親密な肖像《ポルトレ・アンティーム》」（フランス・キュルチュール『生の声《ア・ヴォア・ニュ》』、二〇〇七年〔Laure Adler, Jane Birkin, Portrait Intime, *À Voix Nue* - France Culture〕）

「ゼニット1988：セルジュ・ゲンスブール最後の壮大なコンサートを振り返る」、二〇二一年三月一日、ノスタルジー・ラジオ〔Zénith 1988 : retour sur le dernier grand concert de Serge Gainsbourg, *Nostalgie*（https://www.nostalgie.fr/actus/zenith-1988-retour-sur-le-dernier-grand-concert-de-serge-gainsbourg-70238798）〕

フランス国立視聴覚研究所（INA：Institut national de l'audiovisuel）ジェーン・バーキン関連映像

ジェーン・バーキン年譜

1946年　父デヴィッド・バーキンと母ジュディ・キャンベルのもと、長女として英国ロンドンに**ジェーン・マロリー・バーキン誕生**（12月14日）。兄妹にアンドリュー・ティモシー・バーキン（1945年生まれ）とリンダ・メアリー・デボラ・バーキン（1950年生まれ）。

1964年　グレアム・グリーンの戯曲『彫像』で初舞台。

1965年　『ナック』（リチャード・レスター監督）で映画デビュー。全寮制女子校が舞台のミュージカル・コメディー『パッション・フラワー・ホテル』に出演。両作品の音楽を担当していた作曲家ジョン・バリー（1933〜2011）と結婚。

1966年　映画『欲望』（ミケランジェロ・アントニオーニ監督）に出演し、米国で公開される（英国は翌年）。

1967年　**長女ケイトを出産**（4月8日）。

1968年　ジョン・バリーと離別。渡仏し、映画『スローガン』（ピエール・グランブラ監督）でセルジュ・ゲンズブール（1928〜91）と出会う。

1969年　映画『太陽が知っている』（ジャック・ドレー監督）に出演。アルバム《ジェーン・バーキン＆セルジュ・ゲンズブール》で歌手デビューし、〈ジュ・テーム・モワ・ノン・プリュ〉が大ヒット。映画『ガラスの墓標』（ピエール・コラルニック監督）に出演。

★1

★4

1971年　セルジュ・ゲンズブールの名盤《メロディ・ネルソンの物語》に参加し、ジャケット写真に上半身裸のジーンズ姿で登場。セルジュと初来日し、事実婚状態（シャルロットを身籠もっていた）。**次女シャルロット・ゲンズブールを出産**★1（7月21日）。

1973年　アルバム《雌豹のささやき（Di doo dah）》★2をリリース。

1975年　アルバム《ロリータ・ゴー・ホーム》をリリース。映画『仮面／死の処方箋』（ジャック・ルフィオ監督）に出演。

1976年　映画『ジュ・テーム・モワ・ノン・プリュ』（セルジュ・ゲンズブール監督）に出演。サウンドトラックアルバム《ジュ・テーム・モワ・ノン・プリュ》をリリース。映画『スキャンダル』（ベルナール・ケイザンヌ監督）に出演。

1978年　アルバム《想い出のロックン・ローラー》★3をリリース。映画『ナイル殺人事件』（ジョン・ギラーミン監督）に出演。

1980年　映画監督ジャック・ドワイヨン（1944〜）との恋。

1981年　ドワイヨンとの熱愛に生きるため、ヴェルヌイユ通りのセルジュの家を出奔。映画『放蕩娘』（ジャック・ドワイヨン監督）に出演。

1982年　**末娘ルー・ドワイヨンを出産**★4（9月4日）。映画『地中海殺人事件』（ガイ・ハミルトン監督）に出演。

1983年　アルバム《バビロンの妖精》をリリース、ACCディスク大賞を受賞。

1984年　エルメスの高級バッグ「バーキン」生まれる。映画『ラ・ピラート』（ジャック・ドワイヨン監督）で翌年セザール賞の主演女優賞にノミネート。

1987年　パリのバタクラン劇場で初のコンサート。アルバム《ロスト・ソング》★5をリリース。映画『ふたりだけの舞台』（ジャック・ドワイヨン監督）に出演。ライブアルバム《ジェーン・バーキン・ファースト・ライヴ》をリリース。映画『右側に気をつけろ』（ジャン＝リュック・ゴダール監督）に出演。

1988年　『アニエス・vによるジェーン・b』『カンフー・マスター！』（アニエス・ヴァルダ監督）に出演。

1989年　日本で初ライブ開催（渋谷公会堂）。

★2

★3

★5

★6

★7

★9

1990年　アルバム《いつわりの愛》★6をリリース。

1991年　セルジュ・ゲンズブール逝去（3月2日）。カジノ・ドゥ・パリで追悼ライブ開催。**父デヴィッド・バーキン逝去**（6月3日）。映画『美しき諍い女』（ジャック・リヴェット監督）に出演。

1992年　ジャック・ドワイヨンと破局。ライブアルバム《さよならを云うために… ジェーン・B・ライヴ・アンコール》をリリース。ジョン・バリーとの関係を描いた初の監督映画『Oh! Pardon tu dormais...』を手がける。エイズ撲滅キャンペーンのイベントに娘二人（シャルロット、ルー）と参加。

1995年　旧ユーゴスラビア内戦時にサラエボへ行く。そのときに出会った作家のオリヴィエ・ロラン（1947〜）との恋。

1996年　アルバム《追憶のランデヴー》★7をリリースし、パリのオランピア劇場にてコンサート「JANE」を開催。ライブアルバム《Concert intégral à l'Olympia》もリリース。

1998年　初めてセルジュ以外の曲を歌ったアルバム《ラヴ・スロウ・モーション》★8をリリース。

1999年　『Oh! Pardon tu dormais...』を自ら舞台化。TBSドラマ『美しい人』で《想い出のロックン・ローラー》収録の〈無造作紳士〉が主題歌として使用され、この曲を収録したアルバム《ベスト》が日本で大ヒットを記録。マルタン・マルジェラによるエルメス2000年春夏コレクションでランウェイに登場。

2000年　ライブアルバム《コンサート・イン・ジャパン》をリリース。ジェーンが初めてフランス語で歌詞を書いた〈インパーフェクト〉を収録した《ベスト・アンコール》が日本のみで発売、来日公演を全国五都市で行なう。

2002年　ライブアルバム《アラベスク》をリリース。

2004年　アルバム《ランデ・ヴー》★9で井上陽水と〈カナリー・カナリー〉をデュエット。**母ジュディ・キャンベル逝去**（6月6日）。

2006年　アルバム《フィクションズ》★10をリリース。

2007年　映画『ボクシーズ』を公開。ミャンマーの民主化運動の援助、ミャンマー軍事政権に対するデモ参加。アウン・サン・スー・チー解放活動に取り組む（〜09年）。アムネスティの抗議行動に参加。台湾地震の犠牲者支援のため、初代「バーキン」をオークションにかける。

★8

★10

★12

2008年　初めて全曲の詞を書いたアルバム《冬の子供たち》★11をリリース。

2009年　ライブアルバム《ライヴ・アット・パラス》をリリース。

2010年　東京で行なわれたフランス映画祭の団長として来日。

2011年　**ジョン・バリー逝去**（1月30日）。東日本大震災の一か月後に来日し、チャリティコンサートを行なう。その復興支援を目的にした「Jane Birkin Sings Serge Gainsbourg "VIA JAPAN"」ワールドツアー（～13年）。「バーキン」をオークションに出品し、日本赤十字を通して被災地に寄付。

2012年　ライブアルバム《Jane Birkin Sings Serge Gainsbourg Via Japan》をリリース。東日本大震災の追悼式典参加。

2013年　**長女ケイトが自宅の窓から転落して他界する**（12月11日）。

2014年　イスラム過激派に対する抗議デモに参加。

2017年　アルバム《シンフォニック・バーキン&ゲンズブール》★12をリリース。シャルロットとともに来日。一日限定のコンサートを渋谷 Bunkamura のオーチャードホールで開く。京都でケイトの弔いの旅。

2020年　アルバム《Oh! Pardon tu dormais...》★13をリリース。

2021年　ドキュメンタリー映画『ジェーンとシャルロット』（シャルロット・ゲンズブール監督）出演。

2023年　ライブアルバム《Oh! Pardon tu dormais...Le Live》をリリース。**パリの自宅にて永眠した姿で発見される**（7月16日：実際には7月15日の深夜に帰らぬ人となったらしい）。**享年76歳。**

★11

★13

図版一覧

著者略歴

村上香住子〔むらかみ・かすみこ〕
翻訳家、作家、ジャーナリスト。主な訳書に、アンリ・トロワイヤのロシア文豪三部作『ドストエフスキー伝』『ゴーゴリ伝』『チェーホフ伝』やボリス・ヴィアン『ぼくはくたばりたくない』など。1985年にマガジンハウス社からの依頼を受けパリ支局長として赴任し、『ブルータス』『ガリバー』『ポパイ』などの取材を行なう。1992年の支局閉鎖後、フランス最大の新聞社フィガロの中にある『フィガロジャポン』『ペン』などのパリ支局に移る。20年間のパリでのジャーナリストとしての活動後、2005年夏に帰国。その後は、『のんしゃらん』や『巴里ノート』などパリを舞台にしたエッセイや、パリ文壇との交流記『反記憶』などを刊行。海辺の古民家で猫と暮らす「腰越通信」を、ときどきXで呟く。ジェーン・バーキンやその家族とは40年にわたる親交をかさねている。

ジェーン・バーキンと娘たち

2024年7月5日　印刷
2024年7月30日　発行

著　者© 村上香住子
発行者　岩堀雅己
発行所　株式会社白水社
電話　03-3291-7811(営業部) 7821(編集部)
住所　〒101-0052 東京都千代田区神田小川町3-24
www.hakusuisha.co.jp
振替　00190-5-33228
編集　和久田頼男(白水社)
装丁　緒方修一
印刷　株式会社理想社
製本　誠製本株式会社
乱丁・落丁本は送料小社負担にてお取り替えいたします。

ISBN978-4-560-09114-2
Printed in Japan